好年華

Good Time

目錄

第②章 只要你不尷尬

目錄

第③章 呢個章節係有聲嘅

第④章 八大面部表情 151

序 言

一切開始之前

在分析藝人或公眾事件之前，先想大家閱讀這一個章節，從而幫大家更好地了解何謂「肢體語言」（當然你亦可認為，只是筆者想戴頭盔），或是叫作「非語言溝通（nonverbal communication）」。

先解釋一下人類為什麼會有肢體語言。肢體語言在動物學家，演化心理學家等等都有不同的解釋，我們引用科學家Paul MacLean的觀點，人的大腦其實可以分為三個部分：爬蟲類腦（Reptilian Brain）、邊緣腦（Limbic System）、與新大腦皮質層（Neocortex）。相信這些專業名詞，你們看到已經想說單字的粗口，心想：「我是要看分析，而不是看這些專業名詞！X*#S+@！」

其實筆者跟你們一樣，在剛學習肢體語言的知識時，也是很想說這個單字粗口的。

不過不打緊，接下來會用人話來說，所以大家繼續看下去就可以。我們用A腦（爬蟲）、B腦（邊緣）、及C腦（Neocortex），分別對應這三個大腦。

A腦是我們最原始的大腦，人最原始的需求都在這裡。例如你工作到中午12點感到肚餓，它就會提醒你到樓下買麥當勞；當你喝的水太熱，它就會提醒你快在0.5秒內吐出來；當你肚子不舒服，它會要求你馬上到最近的廁所。簡單來說，A腦就是大腦最古老的部份，掌管你最基本的生命行為，如果它失靈了，你就GG了。（不過如果其中一個腦失靈，你也是會GG的）

C腦就是思考的腦，這是人類獨有的部份，其他動物是沒有的。即使是與我們物種最相似，人類最好的近親朋友－大猩猩，也是沒有這個部份。這個腦是人類很晚才擁有的，所以為什麼叫新大腦皮質層，因為望文生義，就是新的。我們的粗口能不經思考破口而出，能跟媽媽說晚上到圖書館學習（其實到男朋友家），能學習到各國的語言，能閱讀到目前這一行文字，也是歸功於這個C腦。一句話來說，它是人類最可靠，也最不可靠的部份，因為它雖然能讓你思考，但是會說慌的。

去到最後的B腦，英文為Limbic System，中文為大腦邊緣系統，其實由眾多部份組成，但這些部份實在太學術，就不寫在這裡了，否則你們可能會立即扔掉這本書，筆者自己也不是什麼專家。B腦在大腦的位置就像三明治中間的肉，蔬菜，芝士一樣，被A腦與C腦夾在中間。

B腦是我們的情感中心，也被稱為誠實的腦，為什麼？因為大腦這個部分是會根據你周遭的環境，做出即時性的反射動作，而且是很快並不假思索的。所以為什麼當有陌生人在MTR靠得太近，你會馬上感到不舒服；當你進入陌生的社交場合，你會不自覺做出安撫動作；當有足球飛到你的臉上，你會馬上閉上雙眼。而這本書所分析的肢體語言，都是基於這個B腦的反應，因為它的反應都是誠實並不假思索的，就像人吃了誠實豆沙包一樣。

在書中的觀點，都是出於其他肢體語言學者、FBI探員、心理學家、或是基於個人的生活經驗，而寫出的觀點。與其這本書說是所謂的原創，不如是集合很多專家的觀點，去分析一系列娛樂圈，生活中發生的事。如果用比喻來說，就像Marvel電影《復仇者聯盟4：終局之戰》中，集合蜘蛛俠、Iron Man、美國隊長等人之力，去抱團打爆Thanos一樣；如果你沒看過這套電影也不打緊，用簡單的比喻，就是幾個人齊心協力，去完成一份學習報告。因此，書中的觀點也是根據網絡圖片及書本的知識下，依書直說，並非帶有任何惡意，無意中傷任何人。

筆者並不是心理學家，也不是在FBI任職25年的探員，但是對於肢體語言、心理學等領域非常感興趣，因此也希望在此分享一下自己在這個領域當中，學到的想法，從而幫助到大家更好地在日常生活中觀察，並更好地體驗生活，甚至更了解一些事情是為什麼發生。

為什麼是很重要的，為什麼是很重要的，為什麼是很重要的。

所以如果大家已經準備好這段旅程，廢話就不多說，事不宜遲，馬上開始！

第①章

揭開遮羞布
鏡頭背後的真實情緒

1.1

一剎那光輝不代表永恆
蔡楓華當下已經後悔？

說出口的說話，就像潑出去的水，是不能收回的。

在1985年勁歌金曲第二季的季選當中，當時蔡楓華有三首候選歌入圍（十年、愛不是遊戲、情冷情熱），張國榮同樣亦有三首歌曲入圍（不羈的風、我願意、少女心事），當時熱門歌曲《愛不是遊戲》未能入選，蔡楓華並未得獎。

作為主持的蔡楓華在《勁歌金曲》節目中報導張國榮演唱會消息時，節目就播出演唱會的現場表演（Live），剛好正播出張國榮唱歌，正是蔡楓華的《愛不是遊戲》，畫面看上去頗為諷刺。

其後蔡楓華就有感而發說：「我真的想在這裡說幾句說話，其實一位歌手得獎與否，是沒有所謂的，因為我自己沒有得獎是不要緊的。但是我希望作為歌手的，無論是別人的歌也好，自己的歌也好，都是一樣會欣賞的。」

「剛剛看到張國榮的演唱會，我也很誠心恭喜張國榮能得到三首，第二季的十大獎項金曲。但是一時的光輝，未必是永恆的……我說的太多了。」

同場另一位司儀盧敏儀已經想幫蔡楓華打圓場，但為時已晚，媒體亦相繼把這個報導形容為「一剎那光輝不代表永恆」，先不論是否有曼德拉效應，但從當時蔡楓華的肢體語言，已經看出他是有點後悔的。

從片段中所見，當時蔡楓華在說出這句經典話語後，

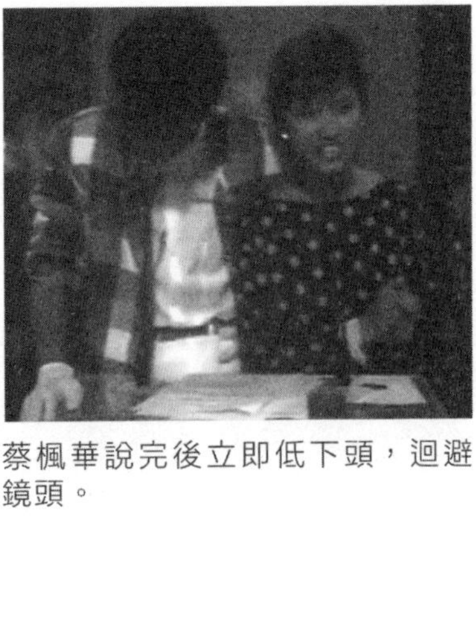

蔡楓華說完後立即低下頭，迴避鏡頭。

尷尬、心虛等情緒都會出現此動作，有拒絕溝通之意。

看到蔡楓華先是低下頭，顯得有點尷尬，這其實是眼神的迴避(Eye Avoidance)。

眼神迴避原因有很多，其中一種就是因為尷尬而害羞，所以會做出這樣的反應，例如當大家在台上說了一些令人尷尬的事，面紅耳赤時，就不會再想與觀眾有任何眼神上的交流。

另外，當時蔡楓華在說完這句話後，除了表示自己說太多，低下頭沒有望向觀眾外，還做出了搖頭的動作(Head Shake)，搖頭動作代表一個人在不同意，拒絕的時候，非常容易看到的行為，例如當你問一個小朋友會否喜歡吃苦瓜，相信大部分都是會搖頭，並表示很討厭。至於人為什麼會搖頭表示反對呢？

從演化角度，因為以前的人並沒有語言，但為了更容易與其他人溝通，表達最簡單的「是」與「否」，就會用點頭及搖頭去表示同意的東西，或是不同意的東西。這套動作經過幾千年的演化後，仍然保留在人類的基因當中，所以為什麼當你偷聽到鄰居說話，而你又不同意他們的觀點時，你就會做出搖頭動作了。

而隨後蔡楓華隨後舉起雙手，兩手掌心朝外，作出了類似投降般的雙手動作，在肢體語言角度，這是屬於開放，誠實，忠誠等等。可見蔡楓華在說完後，仍然希望自己得到被接納。

相反如果一個人把雙手收起，插在褲袋，可能是因為手凍，亦更可能是不想被

把手放於眾人眼皮底下，表示自己意見真誠，希望被接納。

對方看到雙手，並不想進入溝通狀態。

不過，多年以後，蔡楓華接受不同媒體問到當年一事，蔡表示後面還有一句未說的話：「一剎那光輝唔代表永恒，但張國榮嘅光輝係一路延續落去。」

1.2

Anson Kong 失落新人獎 黑面應該怎樣看

作為一名公眾藝人，表情管理是重要的一環，如果在一些情況下展示了「黑面」的表情，往往都會備受討論，輕則被閒話家常，重則影響到自己的事業發展。

在2020年的叱咤樂壇頒獎典禮當中，香港男子組合MIRROR，成員柳應廷（Jer）及盧瀚霆（Anson Lo）分別奪得樂壇生力軍金獎及銅獎。而同隊另一成員江𤒹生（Anson Kong）雖有提名卻三甲不入，直播頒獎禮中，AK被鏡頭拍到疑似黑面。。

當主持人宣佈Jer得獎後，AK並沒有望向Jer，而MIRROR一眾成員都站起身，為Jer熱烈慶祝，唯獨AK依然留在原位，場面非常奇怪。從這樣簡單的肢體語言對比之下，可以反映到AK並不開心。就如在生日會當中，大家都在開心慶祝時，唯獨

透過在場環境的語境，可以簡單地推測在場人士情緒。

有一個人並沒有參與其中，是很容易發現的情況。這是透過了解在場環境的語境（Context），對比在場其他人的肢體語言，而得知一個人情況有異的方法。

Jer上台發表得獎感言：「唔好唔開心，我哋一齊繼續努力，加油！」（不要不開心，以後一起努力），這時AK雙眼泛起淚光，點頭回應，給人有心事但說不出的感覺。這個眼神與張天賦（MC）在叱咤2023當中，得獎後被問到排位太前的眼神接近一樣，後文將會提及。

此外，Anson Kong在點頭回應Jer時，也用力地眨了一下眼，在肢體語言角度，為視覺阻擋(Eye-Blocking)，就是當人遇到自己不喜歡的事物時，下意識為了阻擋並接收進入腦部，而容易出現的動作。遮擋通常是無意識的行為，但這往往透露出人的真實情感。當人們感到惱怒、煩惱或面對不願意的事情時，常會本能地用手遮住眼睛。用手遮住眼睛、短暫閉眼、長時間眨眼、眯眼等行為都屬於視覺阻擋行為。

演員陶大宇在《心花放》的經典演出，

揉眼睛、眯眼
視覺阻擋（Eye-Blocking）是人類最明顯的肢體語言之一，我們在情緒上遇到困擾、沮喪或掙扎時，我們的眼瞼會用力合上並保持閉合狀態。

就是單手掩面然後發出「呀」一聲，招牌動作成為梗圖。這是個特殊例子，喜怒哀樂的時候都是掩面。陶大宇解釋因為劇中角色設定沒有什麼可做，於是設計加入此動作，為角色加入新鮮感。

話說回來，「黑面」事件發生後，AK在一次電台接受訪問時，也表示自己在這件事上了人生寶貴一課，並藉此推出了《黑之呼級》，繼續做好自己的作品，受到不少樂迷的擁戴。在節目《調教你MIRROR》中，亦有重提當日事件，兩位奪得獎項的成員一直都對AK深感抱歉，三位主角最後「一抱泯恩仇」。其後在一些公開場合，AK也不諱言調笑其他成員：「唔好黑面啊，影低，一世㗎！」（別黑面，鏡頭拍下後就會被人說一輩子。）

談到黑面事件，其中經常被人討論的一幕，莫過於2020年《萬千星輝頒獎典禮2020》王浩信奪視帝，作為老婆的陳自瑤（Yoyo）在場觀看沒反應。根據網媒香港01、TVB娛樂新聞台報導，王浩信於拍攝期間與劇中女主角傳出緋聞，娛樂新聞常以「婚變」一字來為二人下標籤。王浩信在感謝陳自瑤時，鏡頭拍到陳自瑤一個疑似不悅的表情，或是外界稱的「黑面」，引起廣泛關注。

從陳自瑤的面部表情當中，我們可以看到所謂的「黑面」，由兩個部分組成：第一，陳自瑤的雙眼下眼皮位置綳緊，上眼皮位置放大，形成凝視動作（Stare）。從演化角度，因為人在憤怒時需要接收外界更多的資訊，因此會放大眼睛並減少眨眼頻率，以便自己作下一步行動，而凝視是憤怒的其中一個指標，並且右嘴唇尾亦呈崩緊狀態。

其實這個面部表情可以分兩個部分，因為其實細心觀察會發現，陳自瑤的左右臉其實並不對稱，肢體語言

王浩信在感謝陳自瑤時，鏡頭拍到陳自瑤一個較為僵硬的表情。

專家Joe Navarro把這個情況，稱為面部情感不對稱（Emotional Asymmetry of the Face）。那為什麼會出現這個情況？因為當人在百感交集的情況，或是想隱藏一些情緒時，雖然新皮質大腦（Neocortex，或叫會說慌的腦）知道要隱藏一些情緒，但是大腦邊緣系統始終會流露一些線索，因為邊緣系統只會根據當下的情緒，讓人作出相應動作，就會出現這個情況，所以為什麼大家都常說「身體卻很誠實」。

陳自瑤的右上眼皮打開，右下眼皮出現緋緊，是一個明顯的凝視動作（stare）。從演化角度，因為人在憤怒時需要接收外界更多的資訊，以便自己作出下一步行動。而凝視是憤怒的其中一個指標，面上嘴唇角落亦呈崩緊狀態，能明顯看出向上拉，形成單方面的笑容，從心理學家Paul Ekman的面部分析，這是屬於蔑視（Contempt）動作。

蔑視在八大表情當中，屬於最危險的情況，因為這代表人打從心中不尊重某個人，認為自己的地位是高於某人，才會做出這樣的動作。

藝人的情況也只有他們才知道，而Yoyo事後多次大方回應，她當時只是表情淡然，加上廠房內太冷，表情顯得略為僵硬。她表示其實當時有展現笑容，奈何鏡頭只拍下一至兩秒左右的時間，但就是這一秒就已成「經典」。

沒表情卻慘被人貼上「黑面」的標籤還有MC張天賦。

於2024年舉行的《叱咤2023》中，無論在叱咤歌手進場時，還是在歌手得獎的時候，MC被指全程黑面。我們先從MC進場時的表情分析。MC在進場時，上眼皮位置下垂，兩邊嘴角向下，雙唇收緊，加上在眼袋位置有黑眼圈，但眼神沒有殺氣，並不如憤怒般出現上眼皮放大，下眼皮繃緊，沒有眨眼的情況，因此是屬於不開心的表情。因為黑面很多時，會帶著憤怒的面部微細表情，但MC的面部呈現並不明顯，更多屬於不開心與無奈。

領獎禮完結後接受訪問時，記者單刀直入，問到MC會否覺得自己這次的名次太低，

MC聽到時很快就呈現了一個持續了2-3秒的面部表情。

我們來仔細一下，首先，MC的雙眼眉下垂，這是在訪問其他時間並沒有出過的，而被問到這條關鍵問題時，MC才呈現了雙眼眉下垂；第二，MC眼睛出現了淚光，眼神從面相學去看，屬於有心事但說不出口的眼神；第三，MC在回答：「又唔係嘅」時，回答得較為遲疑，聲音亦顯得較為沙啞。

雖然MC隨後的回答顯得很正面，但第一反應往往是最真實的，這點肢體語言專家Joe Navarro亦有提到，因為人的表情是由腦緣系統掌控，由於腦緣系統是下意識反應，非常誠實，因此第一反應就會十分可靠。而MC在聽

MC在台上的時候其實屬於目無表情，而非黑面。

到這條問題時，第一反應是顯示出悲傷的表情，MC聽到這條問題的下意識是並不開心的。

至於傷心的原因，有人指今年得獎的排名名次太低，街知巷聞的《世一》只得到了「專業推介叱咤十大第8位」，對比上年於叱咤的第2位有很大差別；也有人認為，MC他仍然在患病，身體欠佳，因此在上台時也沒有笑容。

至於MC真正感到悲傷的原因，相信只有MC自己才知道，我們也不宜作過多猜測，MC是本世代最具實力的年輕歌手之一，亦期待MC未來音樂路上的發展。

站在鎂光燈下的藝人們只是血肉之軀，只要是個「人」，總會有狀態，我們也不要用惡意揣測他人。

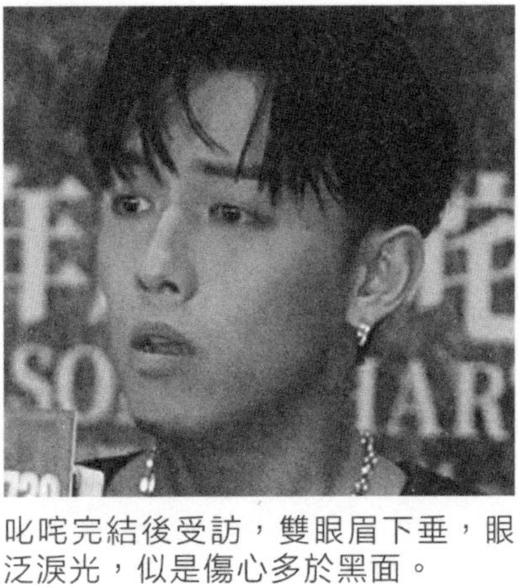

叱咤完結後受訪，雙眼眉下垂，眼泛淚光，似是傷心多於黑面。

1.3

你有咩問題？我同你講 我冇問題

在2020年，一個巴士鏡頭拍到的片段中，一位泰籍乘客上車與42號巴士車長發生口角，事緣乘客疑不滿候車時間太長（據說1小時），拒絕下車並與車長理論。乘客跳針式問車長有什麼問題，泰籍乘客的廣東話似乎並不好，二人出現溝通問題，也令兩人逐漸出現情緒。

原先車長情緒頗為穩定，但是泰國人一個動作，車長的語氣立即變得尖銳，氣氛瞬間變得劍拔弩張，兩人展開激烈交鋒。車長原先以為泰國人不滿行車時間太慢，並向其解釋。其中泰國人突然用手指指向車長，亦表示：「一個鐘」，車長隨即有所情緒，並向其大喊：「乜野一個鐘啊（什麼一個小時啊！）」並立即喝水，喝水能讓乾口唇變濕，是安撫動作，平伏心情。

用手指向別人在肢體語言角度，其實是極不禮貌的動作，基本上沒有人會喜歡，尤其當你指向別人的面部，或是額頭。

這個動作最常看到的情況，就是有人出現憤怒情緒，憤怒的人就會用手指指向另一人。如果從社交角度，用手指向某人容易讓別人聯想到，他的地位是低於你的，所以有些家長也會對犯錯的小朋友做這樣的動作，以顯示自己的權威。

可以留意一下，一些選舉候選人發言時，偶然會做出「手指指」的動作。例如在2020年的美國總統大選，由候選人Donald Trump對Joe Biden的答問大會當中，

可能因言語不通，情急之下所以亂指，但被人「手指指」的感覺並不好受。

可以留意一下，一些選舉侯選人發言時，偶然會造出「手指指」的動作。

無論是Trump還是Biden在攻擊對方的論點時，或是提到對方一些不利選擇的醜聞時，都會不自覺用手指指向對方，以顯示自己的權威，並嘗試觸怒對方，因為當一個人陷入情緒化時，就會失去理智，也因此容易犯下錯誤。

此外，在一些傳統文化和宗教中，食指的意義與預示行為和承擔有關。當我們指向某物或某人時，隱含著自己將要承擔某種責任或後果。這種象徵性的行為在不同文化和宗教中都有所體現。

例如老子、釋迦如來指天，道家思想講究陰陽交替，佛家思想講因緣，指天傳達的是他們認可承受天意和人間的冷暖苦難。

而在舊時代，老人會禁止小孩亂指天、指月亮、指彩虹等，認為這樣會「爛指頭」、「爛耳朵」。這背後的含義除了是敬畏鬼神，亦是指普通人無法承受來自天象的重負。

在一些體育比賽，當運動員之間發生口角時，如果有運動員用手指指向另一位運動員，接下來基本上就是打架，無一幸免。所以如果大家想打架時，就可以對該人做這個動作！

話說回來，從網上的完整影片中可以看到，雖然雙方語氣有些衝，但沒有罵人，也沒有粗言穢語。當中「雞同鴨講」成為了香港網絡經典短片之一，在此亦同大家講，「我沒問題」。

1.4

Happy birthday to me
岩布仙尼到底有多開心？

作為一個人類，每個人都有自己的生日，生日代表你正式在地球誕生的一天，也代表你的年齡不斷大一歲。

時間來到2004年，剛巧是沙士後的一年，適逢亞洲電視台慶47週年，大會亦邀請了一眾嘉賓前往台慶現場，其中包括當年效力義大利足球聯賽－AC米蘭的岩布仙尼（Massimo Ambrosini）。當時的主持朱慧珊為了炒熱氣氛，邀請剛巧與亞視同時生日的岩布仙尼，一起大唱生日歌。

當時看到主持人用英文表示：「Today is your birthday」的時候，其實看到岩布仙尼並沒有任何表情，只是看起來是非常淡然，沒有情緒的感覺。主持人先用廣東話來起哄大家一起唱生日歌，下一秒就突然用英文向岩布仙尼表示：「Are you ready?」，讓岩布仙尼突然不知所措，主持人似乎忘了岩布仙尼聽不懂廣東話。

不過只要不尷尬，尷尬的就是別人。在主持把麥克風遞向岩布仙尼後，岩布仙尼用磁性的聲音唱出：「Happy birthday to me?」時，看到岩布仙尼展示了一個笑容，而且是真誠的笑容，看來岩布仙尼也被自己逗樂了，這時身旁的隊友，及在場觀眾也笑了，整個氣氛顯得非常特別。

笑容我們可以分為很多種類，其中一種就是真誠的笑容。

岩布仙尼被突然Que唱生日歌：「Happy birthday to me」？

真誠的笑容往往有兩個特徵：首先在笑的時候，臉頰向雙眼位置向上曲，讓眼眉與眼睛後方的位置有所帶動，從而形成魚尾紋（科學點說，是動了眼輪匝肌）；其次在笑的時候，嘴唇的嘴角位置亦會向上外拉，而這個動作是不由自主的，並且發自內心。如果你看到一個人做出這個真誠的微笑，代表他這個笑，是真的發自內心的微笑，就是常說的「會心微笑」。

不過其實觀察微笑的能力，相信大家其實已經一早掌握，因為大家一生與人溝通的時候，已經看過無數次這樣的笑容，

真誠的笑容會有兩個特徵，一是眼角魚尾紋，二是嘴角位置向上提拉。

你內心其實已經懂得看出這樣的笑容，只是可能不知道怎麼仔細地，形容這個笑容。

雖然時至今日，仍有很多網友認為片段令到人「尷尬癌」發作。在2020年岩布仙尼的43歲生日當中，他在Instagram展示自己與家人慶祝的生日照片時，還在最下方標記（Hashtag）了「#happybirthdaytome」，可見對於當年自己在亞視的經歷，就像中了六合彩一樣，是開心又難忘的。

所以下次若參與這種派對，不妨留意被逼捧上做「主角」的人，觀察一下到底他是發自內心微笑還只是「尷尬又不失禮貌」的笑。

布仙尼近年的生日，都會在Instagram標記「Happy Birthday To Me」。

1.5

Will Smith打人 老婆發爛有樣睇

「打人好誇張啊！你有無睇奧斯卡啊？」時間來到2022年，第94屆的奧斯卡頒獎禮（Oscar Nominations），作為主持的Chris Rock滔滔不絕的介紹受邀嘉賓，其中在說到影帝Will Smith老婆Jada（Jada Pinkett Smith）的時候，因為Chris Rock以她的光頭開了一個玩笑，讓Jada非常憤怒。

隨後作為老公的Will護妻心切，突然一言不發，衝上台公然掌摑Chris，Chris也因此在頒獎台上受到皮肉之苦，而Will也因為這一拳，導致他在在未來十年不得出席奧斯卡頒獎禮活動。就如柴九哥所言：「人生有幾多個十年？」

而當Jada聽到Chris的玩笑時，其實她已經顯得非常憤怒。首先Jada最明顯的，就是做了翻白眼的動作，翻白眼就是因為對一些事情的不滿，對一個人的失望，或是對一個人的厭惡，是很容易看到的動作。從演化角度，女性普遍比男性做出更多的翻白眼動作，因為女性身體上普遍沒有男性強壯，不能如男性展開物理上的奮戰，但為了向對方展示攻擊性姿態，所以就會更多以翻白眼表達不滿。

另外，當Jada在聽到Chris的玩笑前，她先是展示了一個社交性笑容。不過在Chris Rock開玩笑之後，Jada就馬上收起了笑容，變成了假笑。用人話來說，就是臉頰從雙眼位置向上曲，變為向雙耳位置向上曲。為什麼人會假笑？其中一個可能，就是內心有真實負面情緒，但又不好意思表達出來，出於社交原因需要維持笑容，所以就會有如此自相矛盾的笑容，有點像「尷尬而不失禮貌的微笑」。

Jada先是展示了一個社交性笑容，聽到Chris用自己身體開玩笑後，立變為「假笑」。

再者，我們看到Jada的雙手從放鬆，慢慢變為雙手合十，雙手都用力合起來。從肢體語言角度，這名為「手指屈曲(Digital Flexion)」，人在遇到壓力、害怕、恐懼的時候，一個能容易看到的動作。在這三個肢體語言加起來觀察所見，得出了一個結論：Jada當時是非常憤怒的。

雙手用力合起來，透露出當事人當時非常憤怒。

不過另有一些有趣的言論是，Chris 和 Will 是預先夾好的。因為從Chris一開始開玩笑時，起初Will是有跟著全場哄笑，直到看到妻子大翻白眼後，才戲劇性般變臉，再毫不猶豫衝上台。

所以到底是預先SET好的笑點，還是Will真的發火了？

在觀察肢體語言時，如果只有一個線索的話，有時並不可靠；但如果有多個肢體語言同時出現（multiple tells），就會比一個線索更為可靠。

所以俗語說的好，團結就是力量，肢體語言組合起來也是，多於一個的肢體語言會提升判斷對方的準確度。所以大家在日常觀察時，如果看到對方明顯有多於一個肢體語言的展示，就能有更好的判斷了，達成一加一不等於阿儀的效果。

真嬲假嬲都好，好肯定的是Will是個護妻號。不用太複雜的分析，良好的伴侶就是，只消一秒就可以感受到另一半的情緒，繼而無條件的袒護。

1.6

Johnny Depp獲判勝訴 Amber Heard講大話無樣睇

在2022年的荷里活界當中，其中最令人轟動的娛樂圈事件，莫過於荷里活天王Johnny Depp與前妻Amber Heard的世紀官司。

事源於2018年 Amber Heard 在《The Washington Post》（華盛頓郵報）發表一則「家暴性侵指控」，雖然她在文章中未指名道姓前夫 Johnny Depp的名字，不過依然令人聯想到 Johnny 是位家暴者，令其深陷在 #MeToo 的醜聞。Johnny的職業生涯造成無法挽回的傷害，一直主演的系列電影角色慘遭換角。因此，Johnny對Amber提出了5000萬美元的誹謗賠償訴訟，而Amber則提出了1億美元的反訴。

經過多個月的審訊後，Johnny勝訴獲得1千萬美元賠償，另加5百萬美元懲罰性賠償，根據維珍尼亞州法例，懲罰性賠償上限

35萬元，Johnny實得賠償額為1,035萬美元。而前妻Amber反控Johnny誹謗僅裁定其中一項Johnny誹謗罪名成立，需賠償200萬美元，這場世紀官司正式落幕。

而Johnny Depp能夠勝出官司的原因，外界認為一個關鍵因素，就是其中一段錄音帶拿出，顯示出Amber Heard在與前夫Johnny Depp的私生活當中，並不害怕Johnny Depp，甚至是言語攻擊Johnny Depp，與之前在法庭當中，表示自己是受到家暴者的形象完全相反，因此也讓Johnny Depp贏下這場官司。

不過這段錄音，其實早在2020年時1月，被英國媒體《The Daily Mail》公開過，只是當時再次拿出來，作為呈堂證據。而這段錄音出現後，網絡上的風向逐漸偏向支持Johnny Depp，而不是像以前只一面倒向Amber Heard。

在開庭直播當中，我們可以留意到Amber Heard有不少肢體語言，例如經常眨眼多次

（Frequent Blinking），吞口水（Swallowing），作證時流淚的動作，這些都是一些感到負面，不安，或是緊張的指標，但是我們並不能從中判斷到，其實Amber Heard表示自己受家暴的證詞當中，有說慌成份，直到錄音帶的出現，才叫做真相大白。

而Amber早於官司前，曾在2016年到洛杉磯一家法院落口供，聲稱自己受到Johnny的暴力對待，並且讓記者拍到其臉上的傷勢。而當時Amber的神情也有點耐人尋味，她走出法院後先四處張望，似乎在尋找記者攝影機的位置；而當她看到附近的攝影機位置後，有意無意地把自己右臉傷勢的位置，展示向攝影機的位置，整個動作很不自然。畢竟Amber整體似乎是想低調，但又做出如此「高調」的行徑，就未免讓人懷疑，Amber此舉是否別有用心。

從這個例子可見，即使我們看到有些人會出現很多肢體語言，但也是難以判斷他是否正在說慌，雖然說慌會呈現不一致的肢體語言，但直到目前為止，我們無法透過任何肢體語言，去知道一個人是否說謊。

即使是FBI的專家，也只能達到50%的成功率，去判斷一個人是否說慌，因此在判斷是否說慌時，肢體語言往往只能作參考，還需要很多的因素結合，才能作出判斷。

這裡需要再重申一點，解讀肢體語言並非絕對的神話。常說的「一個人在回答問題時向右上方或向左下方看，那麼他就是在說謊」。著名的心理學家專門為FBI 執法公報撰寫的一篇文章中指出：「沒有科學證

Amber早於官司前，出入警局落口供，記者拍到其臉上的傷勢，當中的神情有點耐人尋味。

據顯示眼睛行為或目光厭惡可以可靠地衡量真實性。」

當我們處理訊息時，眼睛會左右移動、向下看或保持靜止。不妨向身邊的人試試，讓他在腦海中算出 56 x 89 的乘法，然後觀察他們的眼睛。

就會發現此項任務帶給他們的認知負擔，會導致各種眼球運動，甚至閉眼。我們從中可以了解到的是，這個人正在處理訊息，而不是他們在說真話或說謊。

而真正的說謊者會進行更多的目光接觸，因為他們想確保自己被相信，而且知道他人正在尋找欺騙的跡象。說謊者會用這種直視太久的「過度補償」行為來掩飾他們真實的想法。

到目前為止，暫時亦沒有重大案件，因為邀請了專家分析犯人在庭上的肢體語言，從而定罪。

在美國有一位名為Gerard I. Nierenberg的律師，撰寫了一本名為”How to read a person like a book”的書，其中有描述如何透過觀察陪審團的肢體語言反應，判斷他們偏接受還是不接受自己的看法，有興趣的讀者不妨可以觀看一下。

1.7 港產AV女優素海霖被問接受尺度問題 一個動作以暗示未來走向

2023年香港發生了不少的大事，其中一件受人關注的事，莫過於香港出現了首位進軍日本AV界的女優（演員）——素海霖。這件事可謂轟動了全香港的媒體，畢竟這是香港歷史上首位，進軍日本成人產業的第一人，其中分為了支持與反對兩個派別。

消息一出後，作為主角的素海霖也一炮而紅，爭相成位媒體採訪的對象，也讓她很快成為了當時的焦點人物。素海霖在一次拍攝廣告，接受媒體採訪時，有記者問到自己拍AV的尺度，能接受到什麼範圍時，素海霖表示暫時只知道自己不能接受什麼，包括人體排泄物，多人運動等。

而在回答這個問題時，素海琳的雙眼突然做出了瞇眼（eye squinting）的動作，這個動作為上眼皮稍微向下收，下眼皮繃緊，形成瞇眼。人在瞇眼時，往往有兩個含義：第一，因為有些事需要看清楚，所以作出瞇眼動作（這涉及到科學原理）；第二，當一個人有不認同，或感到疑惑時，有機會出現的肢體語言。

在這個情況下，由於訪問場地光線非常充足，也沒有因為遠看物品而需要瞇眼的情況下，因此完全可以排除第一種情況，所以是屬於第二種情況。相信素海霖初出道，自己也並不打算接受如此大尺度的演出，畢竟自己在成人產業當中經驗尚淺。作為一位香港人，對於她能夠在一個如此社會風氣保守的社會，勇於踏出如此的一步，也很值得我們尊重了，始終不是每個人都有如此的勇氣。

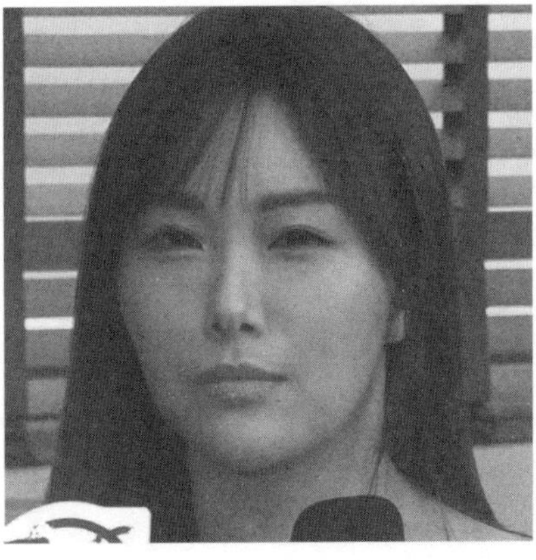

當一個人表示不同意或感到困惑時，他們的肢體語言可能會無意中顯露瞇眼。

1.8

尹光解話AI唱《一人之境》一個手勢強調機器似終不如人

隨著AI科技的掘起，也興起了用AI翻唱的風朝。其中AI的做法，就是透過用某位歌手的歌聲，用技術翻唱另一位歌手的歌曲，做得非常逼真。如果沒有標題的情況下，或許真的讓人認為真的是那位歌手的Cover，可見科技的進步，已經可以做到以假亂真的情況。

其中一個成為熱門的翻唱，莫過於用尹光的聲音，翻唱林家謙主唱的《一人之境》。這首歌曲在YouTube大受歡迎，短短幾天已經有數十萬的點擊，其中更引起了尹光本尊的注意，隨後尹光更接受網絡媒體的專訪，讓尹光親自聽到這首用自己歌聲翻唱的歌曲，並分享自己聽到後的看法。

尹光聽到時顯得非常開心，表示自己認為用AI唱歌確實很好，能模仿到歌手的聲音，但最大的不足，在於沒有感情，就是「死咕咕」。這時可以看到尹光做出了雙手攤開的動作，去強調自己的說法。

從肢體語言角度，雙手攤開的動作，英文稱為Rogatory hand position，或是palms up display，是希望自己的意見被接受，或是希望得到被別人接納時，下意識會做出的動作。

這個動作的潛台詞，其實正在向對方表示「我沒有隱藏任何東西」、「我的手是乾淨的」、「希望你們能接受我」。所以很多時在政治場合當中，都會看到一些政治家或演說家做出這樣的動作，希望得到群眾們的接受與愛

雙手攤開的動作，是希望自己的意見被大眾接受。

戴。這是一個非常普遍的動作，小至公司職員，大至總統，都會很容易發現到。

而尹光在說出自己的看法時，正強調機器雖好，但都不及人的歌聲，因為人在唱歌時會有自己的感情，這是目前機器難以做到的地方，並一再強調這個說法。尹光作為見證廟街興衰的跨世代歌手，目前仍然深受不同年齡層的觀眾愛戴，可見他真的是用真誠去感染觀眾，這也是為什麼無論是年輕觀眾，或是資深觀眾，對於尹光都是清一色的喜愛，可見尹光自己也是非常重視感情的人。

在2024年1月底，曾經在網絡上有一段非常熱爆的報導，報導指有一位身穿短褲的中年女性，在等車時「踎地」，中途旁邊的年輕男學生看了一眼，隨後該名中年女性就大爆發，大聲咒罵他性騷擾自己。

男學生在雙拳不敵四手的情況下，最終以報警處理。而在等待警察的中途，該位中年女性仍然情緒激動，惹來途人側目。男學生則大聲解釋自己只是看了數眼，正常人看到有人「跖地」，也會看一下發生什麼事，並非想性騷擾她。而在解釋的時候，男學生也是做出了雙手攤開的動作，希望得到途人們的接納。

而在人的大腦結構上，掌管理智的Neocortex（即介紹篇的C腦），在人類的歷史當中其實時間並不長，因此人類往往的行為動作，更多其實是傾向於感性，而非理性。

如果理性能駕馭人類的行為，人類歷史上也不會出現如此多不合常性的行為，這個也是人的天性，沒有好壞之分。例如姜濤生日時，銅鑼灣變成了「姜濤灣」，就是很好的例子。

地鐵男學生被屈性騷擾，向路人大聲解釋時亦做出同樣手勢。

1.9

觀眾問周潤發入行前返咩工發哥內心其實有所抗拒？

每個能成為眾人歡迎的明星，不少人背後都有為生活打拼的過去，例如梁朝偉在年輕時曾經賣過報紙；劉德華亦曾經為「洗頭仔」；黎明曾經是電話推銷員。但如果沒有以往辛苦的工作經歷，也難以成就他們如今的偉大星途人生，畢竟吃得苦中苦，方為人上人。

在Viutv節目《爆谷一周》中，就曾經邀請過發哥——周潤發擔當嘉賓，其中有一位年輕的觀眾問到發哥，如果發哥沒有成為演員，會想做什麼職業。

這個問題發哥思考了一下，就開始回憶以前的暑期工作，包括做過工廠、郵局助理、酒店Bell boy等等，並表示如果不做演員的話，都會安於天命，願意做任何工作。因為其實演員也是一份工作，作為員工就要好好盡員工的本份。

而發哥在回答前，做了一個很特別的微表情，這個微表情的形成，可以分為三個部份：第一，雙眼位置會向鼻樑內收；第二，嘴唇位置向上升；第三，左右嘴唇尾向臉頰呈半圓的狀態。整個動作就像把人的五官，整個向最中間的位置向內收，上下會向中間的鼻樑位置擠壓，有時還會有鼻孔擴大的動作(nostril flaring)。那這個微表情用心理學家Paul Ekman，就是八大表情的其中之一，就是厭惡(Disgust)。

五官全都內縮，是屬於厭惡的表情。

這個動作發哥維持了大約一秒，如果從微表情的時間，其實已經算很長，因為普遍微表情的時間為1/4秒，或是更快速的1/25時間，因為要快速而細微，才叫「微表情」，否則應叫「慢表情」。

這個動作在發哥其他的訪問中，基本上是很少看到的，也反映了發哥在回答這個問題時，其實心中似乎亦有可能抗拒。畢竟過去的辛酸，始終不是很多人願意披露，或自我揭示，每個人都有自己心中的秘密。

在現實生活當中，微表情形式的原因主要有兩種：第一種就如發哥一樣，受到外界的刺激，例如言語，環境，或是一些物品(例如嬰兒的尿布)，就會出現；而第二種就是因為內心想到一些事情，例如過去的往事，引起了自己的情緒，從而作出了這個微表情的動作。

因為人反映情緒的動作，往往是先有了感受，才會有情緒，例如最典型的例子就是憤怒。當你憤怒時，心跳會加速，手掌會握成拳頭，有人雙耳亦會通紅，隨後才會感受到自己的憤怒，這就是情緒形成的方程式。

所以當現實生活當中，如果看到有人突然對你做出一些微表情，例如厭惡的表情，他未必是厭惡你（當然也有可能真的厭惡你），可能只是內心產生了一些情感，想起了一些往事，才有相應的微表情，畢竟人的潛意識（subconscious mind）往往會不時浮現在人的大腦當中，但很多人都不知道，這個也是筆者在禪修時，感悟到的道理之一。

其實當人在不思考的時候，大腦已經不斷會浮現出很多念頭，而這些念頭就是潛意識。而浮現潛意識的情況有很多種，其中一個最典型的情況就是錨定（anchor）。

那什麼是錨定？大家先思考一個問題：為什麼我們聽到 My Heart Will Go On，就會想起電影鐵達尼號？這其實就是錨定發生了作用。

當人在情緒高漲時，可能是極度開心或是極度傷心，甚至是極度恐懼，這時如果有一些東西出現了，可能是歌曲，食物等等，刺激了你的五官，就個東西就會綁定了你的情緒，就如在電影鐵達尼號沉沒的一刻，大家都在很傷心的情況下，聽到 My Heart Will Go On，很自然就會想起了悲傷，並且是鐵達尼號的畫面。

試想像一下，你人生當中有什麼錨定的例子呢？

1.10

古天樂揶揄林峰是富二代
林峰被觸笑點呈現「快樂腳」

作為公眾藝人的古天樂，深受觀眾與戲迷愛戴，不時在訪問當中妙語連珠，幽默非常，所以甚至有網民把古天樂的訪問製作成合輯，讓網民得以觀賞其風趣的訪問合集，就像球星比賽時的精華Highlight一樣。

而在2019年4月，一次古天樂與林峰的訪問當中，兩人玩起真心話大挑戰，其中古天樂提到在鏡頭前後，其實不少藝人都是反差很大，表示自己並不是ICAC（廉政公署人員），而同場的林峰也表示，自己雖然鏡頭可能要做瘋子，但現實並不是「變態」。這時古天樂聽到後，就隨即很自然開口表示：「但你真的是富二代」

這句說話隨即觸碰到林峰的笑點，林峰顯得非常開心，先用手打向了古天樂，隨後左腳也向上提了一下，離開了地面1-2秒的時間。從訪問的片段中所見，林峰的雙腳絕大部分時間都是觸碰地面，唯獨這個時間腳才離開了地上。從肢體語言的角度，這個被稱為反地心吸力動作（Anti-gravity behavior）。

人天生就有抵抗地心吸力的傾向，在開心時我們會跳起，在興奮時我們會高舉雙手，伴隨演唱會的氣氛移動雙手，當然遭到槍劫時的高舉雙手，是例外。無論是身體任何的動作，只要是向上的方向移動，大致都可以歸類為反地心吸力動作，例如豎起大拇指，眼眉戚起，甚至是男性

向後搖晃腳跟、將腳趾指向天空或突然踮起腳尖，暗示著幸福、自信，表示這個人聽到或想到了一些正面的事情。

的生理反應，也是反地心吸力動作，因為他們的共同特徵，都是向上升起。

相反人在不開心的情況下，所有事情都是相反，就像有一塊大石頭拖著自己一樣，你會看到人們垂頭喪氣，雙手向下，完全沒有能量，例如當看到運動員輸掉比賽的時候，他們的肢體語言都是顯得非常低沉，完全失去了原來的活力。值得一提的是，有研究觀察到患有抑鬱的病人，幾乎沒有表現出抗重力腿部運動。

由此可見，古天樂讓林峰顯得非常開

演唱會的人群因熱烈的氣氛而高舉雙手以及跳起。

心，也讓林峰不自覺呈現了這個「快樂腳」。在日常生活當中，如果你看到有人突然「un腳」，其實這也是不自覺的反地心吸力動作，可以知道他可能遇到或想到一些開心的事，從而有這樣的肢體語言。

從全身的肢體語言所見，腳其實是最誠實的部位，因為在社會規則下，我們基本上很少留意別人的腳，因此腳往往更能透露到別人的真實情緒，例如當一個人希望盡快離開現場，腳往往會不自覺指向了門口，這是騙不了人的，所以腳是我們值得留意的部位，也是很多人忽略的部位。

當然在觀察肢體語言時，我們也不能突然觀察別人的

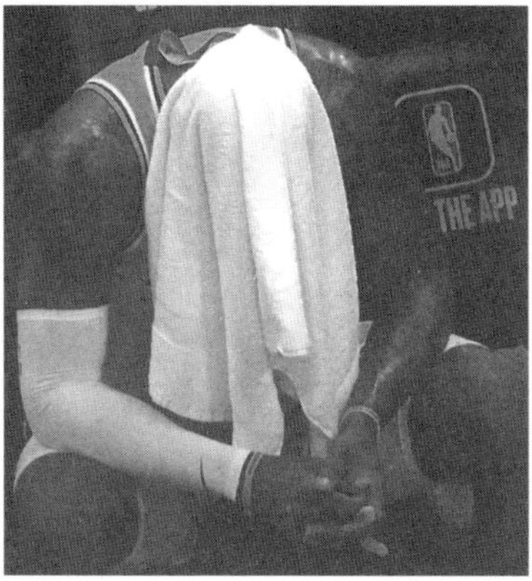

當運動員在比賽中失利時，他們的肢體語言往往變得沉重。

腳，因為這會顯得非常的唐突，也不符合社交規則。正確的做法，是在別人不經意的情況下觀察，避免顯得非常刻意。

如果對方是坐下的話，可以觀察對方的肩膀位置，因為當對方在「un腳」時，其實肩膀是會搖動的，如果整個動作很大，基本上很容易就觀察到。筆者曾經在賭場當中，看到一位玩21點的玩家不停的「un腳」，整個肩膀就像地震一樣，因為他拿到了天牌（一隻J與一隻A，A可以同時作為1點與11點），也讓他順利贏下了該場的賭局。

小秘笈

增強說服力的手勢

多年來，手勢一直被用來強調口頭訊息。站起來演講並且不使用任何手勢的人會失去觀眾的注意力，因為手勢可以增加口頭訊息的含義。有說服力和強大的演講者總是用手交流。永遠不要隱藏你的雙手。它表明缺乏信心或欺騙。一般來說，表現力強的手更值得信賴。

①手掌向上顯示

前文提及雙手攤開的動作，英文稱為Rogatory hand position，或是palms up display，是希望自己的意識被接受，或是希望得到被別人接納時，下意識會做出的動作。

這個動作的潛台詞，其實正在向對方表示「我沒有隱藏任何東西」、「我的手是乾淨的」、「我已經攤開雙手，希望你們能接受我」。

所以很多時在政治場合當中，都會看到一些政治家或演說家做出這樣的動作，希望得到群眾們的接受與愛戴，這是一個非常普遍的動作，小至公司職員，大至總統，都會很容易發現到。

伸出雙手，手心向上，是一種無意識的開放性反映。

②搭尖手勢

如果您想影響某人，請嘗試使用「尖塔」手勢來強調您的口頭訊息。尖塔看起來就像教堂的尖塔。你將指尖併攏，就像尖塔一樣，或像在祈禱一樣。當你將這個手勢添加到強有力的口頭陳述中時，你會被認為更有信心、更專注，在某些情況下甚至更有優越感。

當你把尖塔舉到腰部高度時，它所擁有的力量和影響力比你把尖塔舉到臉上時要小。

將尖塔舉得越高，
它的力量就越大。

還有一個改良的尖塔手，將手指交叉，拇指朝上，後文會有更詳細解釋。

③ NG 動作：手指指

在眾多肢體語言當中，有一項肢體語言是最受人討厭的，就是手指指。

用手指向某處是非常共通的肢體語言，當有陌生人問路時；當你向店員買蛋糕時；當你想指向某位朋友或同事時，我們會習慣性用食指指向該方向。

問題來了，如果不用手指來指向，該

手指指是最受人討厭的肢體語言。

用什麼手勢來代替？

大家想使用手指指向一個方向時，尤其指向一個人時，建議可以打開剩餘的四根手指，並將五指併攏，手心朝外地伸出，對方也自然覺得好受了。

我們需要用手指向事物時，建議把其餘四隻手指打開，形成一個類似握手的動作。

第②章

只要你不尷尬

2.1

IVE學生上堂示愛女生傻笑不知所措

看到標題，相信讀者們都知道是在說哪一段「考古」片。

在香港YouTube影片當中，其中一段堪稱經典，討論區幾乎每一年都會「翻兜」。在2010年，一位就讀IVE的男學生帶同花束，在全班面前去心儀的女生示愛，當時在中港台的新聞可謂爆紅，甚至遠至加拿大亦有報導事件，可見大家都對這件事非常關注。

從片段中所見，當時IVE男生手持花束，當著眾人面前大喊，問女性「受唔受溝」，全場觀眾起哄食花生，而該位女生亦顯得非常尷尬，不斷傻笑。雖然女生不斷傻笑，但從女生的肢體語言所見，女生對此是非常拒抗的。

首先，女生的主軀幹位置已經遠離該位IVE男生，大腦已經啟動了逃跑反應，相信女生只是在意出席率，否則相信她已經當場離開現場；其次，用筆記擋住自己的眼睛，加上她亦曾經用力合上眼睛，呈現Eye Blocking的動作，相信對於Ive男生當眾示愛，呈負面態度；再者女生完全沒有與該男生進行任何的眼神接觸，是非常長期的眼神迴避(eye avoidance)。

在約會當中，如果一個女生，或是男生長時間拒絕與對方進行眼神接觸，基本上這個約會就如Dear Jane所說，未開始

女生用手掩面，將筆記本等物體放在軀幹前面，表示與當下缺乏舒適感。

已經結束，因為沒有眼神接觸，已經象徵對這個人沒有任何興趣。同時，女生從頭到尾，都拒絕接收男生的花束，這一點已經非常明顯。

在肢體語言角度，這是非常典型的eye blocking動作，那什麼是eye blocking？當人類需要處理壓力，或是處理負面資訊時，由於大腦表示並不想看，加上合起眼處理起來更為舒服的緣故，所以會有一段時間突然緊閉雙眼，並且是不自然的用力。

為什麼人類在閉眼時，會更容易處理負面資訊？因為其實人在開眼的一刻，已經無時無刻在接收資訊，你眼睛看到的一切，無論是你的眼前的手臂，或是遠至天空的月亮，其實都是在接收著資訊。尤其在這個21世紀，資訊爆炸，信息過載（Information Overload）的時代，只要打開手機或電腦，成千上萬的資訊就會進入你的大腦。

這時人類因為接收的資訊多了，而大腦演化程度還未能處理如此多的資訊，所以現代人為什麼更容易出現eye blocking的動作，因為本來在大腦的資訊已經夠多了，到處理壓力環境下的情況時，情況更為痛苦，就像一個已經裝滿水的水杯，還要繼續為其倒水一樣，結果就是會溢出。

所以為什麼人在冥想時，需要把雙眼關閉，因為這是斷絕外界信息的一個方法。本人有幸曾經到大嶼山禪修了10天，其中在冥想的過程當中，課程亦要求我們所有人在冥想時必須關閉雙眼，因為這樣更容易截斷外界資訊傳入大腦，更容易集中在觀察呼吸，與身體不同的器官，從而進入「入定」的狀態。

如果大家有一些煩惱，或是困難需要解決時，也建議把雙眼閉上，這時會更容易找到解決方案。

而為了更能集中觀看，建議大家在觀看YouTube時，打開全螢幕，而不是用半螢幕的形式。因為在觀看YouTube時，右邊會有其他的相關推薦影片，而人往往容易受好奇心軀使下，受到縮圖與標題吸引，從而點擊進去觀看。在這種情況下，時間一秒一秒走，原本打算只看一段影片的你，已經看了差不多兩個小時，相信也是不少現代人的常態。

至於為什麼男生看到女生如此明顯的拒絕，依然不依不饒，並繼續上前？

相信這個現象可以從社交學當中解釋。在美國心理學家Robert Cialdini的名著《影響力》一書當中，提到六項能夠使他人衝動地順從他人行為的六個心理原則，其中一項就是社會認同原理。當一個人在判斷什麼是正確時，人們容易會因為別人的意見，而作出相應的行為。因此，別人無形的意見或行為，其實也會暗地裡影響著人們的行為，從而作出看似「正確」的決定。

而在IVE男事件當中，雖然女生已經明顯展示出拒絕的態度，但由於在當下的環境中，有其他學生在「食花生」，不斷為其高呼，並繼續鼓勵兩人互動：「收左佢（花束）先啦！」，讓IVE男備認為自己仍在做看似「正確」的決定，最終IVE男決定繼續展開攻勢，並上台公開示愛。

從心理學角度，男生的舉動似乎是打算運用從眾壓力，去讓女生「接受」自己的愛意，這個情況有點與公眾求婚相似，不過與公眾求婚不一樣的，是兩人已經是男女朋友關係。

戀愛這回事，大家互相吸引對方，很自然就會水到渠成，有時不能強求。Viutv電視劇《IT狗》，亦曾經將這件事件翻拍，可謂讓觀眾非常回味，大家有興奮亦可以在YouTube重溫片段。

靈魂拷問，如果是你，你會選擇一個自己喜歡的人，還是一個較喜歡自己的人？

2.2
支持靚聲王請坐低
其實只是手勢累事

「支持靚聲王的朋友，就請坐低！」伍衛國一句走音無心之失，瞬間成為了觀眾不少心中的經典之作。每次說到要坐低的時候，大家自然都會想起這個男人—伍先生。

不過其實在說這句話之前，我們看到伍衛國在手勢的運用其實是非常好的，完美地帶動了全場的氣氛，只是剛巧在最後一句說話當中老貓燒鬚，成為大家的經典。在提到家庭觀眾的投票已經截止時，我們看到伍衛國左手拿著麥克風，右手展示手掌予觀眾，示意觀眾起身。

其實展示手掌是非常容易與觀眾，或是與你談話對象拉近距離的方法，因為人類對於看到手掌的肌肉非常有好感，代表你沒有隱藏什麼東西。在原始社會當中，如果你隱瞞雙手，其實並不能贏得對方的好感，甚至可能讓對手產生敵意，因為可能代表的，是你手上隱藏了一些武器（例如刀，沙石等），代表你將威脅到別人的生存。要知道原始社會是非常殘酷的，如果你們不選擇合作，很大機會就代表你們是敵人。所以，伍衛國在這裡就做出很好的示範。

而伍衛國在做整個手勢動作時，雙手的位置都是放在腰位置以上，肩膀以下的位置。根據肢體語言專家Mark Bowden的觀點，這個範圍由於是你重要器官的地方（例如心，頸中下方suprasternal

演唱會的人群因熱烈的氣氛而高舉雙手以及跳起。

notch），在這個位置做出手勢時代表你用手擋住了這些器官，讓你感覺到更為安全。而在感到更安全的情況下，你能夠輸出更大的能量及手勢，從而感染到其他人，而這時要感染的人，就是台下準備投票的觀眾。因此，這個範圍亦被稱為「熱情層」(PassionPlane)。

當感染到台下的人，他們就會跟你一樣擁有正面的情緒，從而作出你想他們做的行為。要知道，演講其中一個主要目的，就是鼓勵觀眾作出行動，小至簽名，大至投票。伍衛國豐富的手勢動作，配合在「熱情層」的不斷輸出，最終帶起了觀眾所有人的情緒，就像城市大學的商學院老鬼一樣，以自己的方法，讓所有人企起身。

不過在這個範圍不斷做手勢的情況下，很容易令自己情緒過於高漲，或是帶有太大的攻擊性，因為你的口當時已經快過你的腦袋，就像被快感衝昏頭腦的超速司機一樣，難以踩下煞車制。

或者這正是為什麼，到最後伍衛國在打算叫大家投票坐低時，因為情緒已經太過激動，所以就導致最終的走音了。雖然對伍衛國可能不是好事，但也很感謝他，讓「請坐低」成為我們的集體回憶。

2.3

陳奕迅疑對香港樂壇心灰意冷 訪問完雙手放後展威嚴

作為香港樂壇歌神的陳奕迅，曾經在香港奪得過無數的獎項，其歌曲也憾動了無數人的心靈，這也是為什麼大家都稱呼他為「E神」，因為他確實是香港樂壇神一般的人物。

而在2022年度的叱咤樂壇頒獎典禮後，由於有不少人對於該屆的頒獎典禮有著不少的意見，因此這段已經是16年前在YouTube的影片，2003年的新城頒獎禮片段再次被人翻出，亦曾一度登上了熱門的片段。

在片段當中，其實Eason希望叫主辦單位在現場的音響部分能做得更好，因為當時演出的聲音並不合符理想，並不是指讓歌手弄好自己的聲音。而在訪問完結後，Eason亦雙手放後，讓一眾傳媒能幫自己拍照。

而這個雙手放後，擺到背後交握的動作，肢體語言專家Joe Navarro稱為皇家儀態(Regal Stance)，顧名思議，就是向對方傳遞一種高姿態的感覺，潛台詞就是：「請別靠近我」、「請與我維持一段距離」。尤其是人對人的時候。這種姿勢在一般皇室成員，高身份地位的人較容易看到，例如大學教授、醫生、律師等等，他們在行走時會很容易看到。而目前的情況，傳媒正在為Eason拍照，而Eason下意識希望雙方保持一定距離，也是很容易理解的。

這個手勢顯示了主導地位和力量，同時也發出了保持距離的訊號，表現出「敬而遠之」的樣子。

這個動作當然在樓下公園的伯伯，叔叔也容易發現，相信他們只是習慣而已，並不是單純向對方傳遞不要靠近的意思。所以在觀察肢體語言時，也要把語意（Context）作為考慮的因素，例如在博物館觀看畫像時擺出的雙手放後，可能只是沉思著，而不是要求對方別靠近自己的意思。

雙手放後也要在適當的情況下使用，例如在小孩子渴求被擁抱，但媽媽總是把雙手放後的話，這樣其實對小朋友有長遠的負面影響，因為小孩子感到自己總是被媽媽孤立，人其實有望能夠看到對方雙手的傾向，因為會讓自己感到安心，對方沒有隱藏雙手，或是隱藏武器。大家可以想像一下，假設你伸手想向對方握手，但對方並沒有伸手回應，想一想你會有什麼感受。

所以如果在人對人交際的時候，對方突然擺出這樣的姿勢，就要思考一下背後的原因了，當然亦有可能只是對方的日常習慣。

這時最好的做法，是繼續與他交談，如果可以也模仿他的姿勢，讓彼此達到鏡像的狀態，從肢體語言角度這個亦稱為Mirroring，也是能夠達至和諧(rapport)的一種方法。

因為無論如何，人最喜歡的，剔除很多外界的因素，永遠都是自己。因為人性都是自私的，而這個做法彷彿就像對方照到鏡子一樣，看到了自己，這樣彼此就能建立更好的互動關係。當然如果對方憤怒時握緊拳頭，你也握緊拳頭達至Mirroring的狀態，明顯不是一個好辦法，除非當下，你很想打架，否則就可免則免了。

2.4

賭俠用特異功能斷莊家作弊 周星馳手勢暗藏意思

在談到香港的經典電影，很多人都會想到這個人——周星馳。周星馳就是舊粵語電影的代表，他的經典作品曾經讓多少人發笑，而且即使到了現在，仍然讓不少人繼續翻看。

在周星馳與劉德華主演的賭俠當中，由於兩人身無分文，但為了參與慈善撲克王大賽，需要在短時間內把20元，賭成二千萬。如果是筆者的話，筆者會把20元帶到兌換店，然後把20元兌換成津巴布韋幣，瞬間不止有二千萬，還有數億可以用，搞定！

回到正題，拿回特異功能的周星馳與劉德華回合，在共同的第一局賭局當中，為了避免莊家用機器刻意操縱結果，周星馳做了一個手勢動作，在轉眼間，就破解掉整個作弊機器，看起來非常神奇。

從肢體語言的角度，這個手勢稱為改良塔狀手(Modified Steeple)，就是當你有自信，或是對自己的身份地位有信心時，就會不自覺做出的動作。

改良塔狀手從最基本的塔狀手演變而成，基本的塔狀手形成，就是將一隻手的指尖，對應輕觸另一隻手的指尖，形成塔形的手勢，就像巴黎鐵塔的形狀一樣。而筆者的YouTube頻道的大頭貼照，也是採用了這個手勢。

通常塔狀手在專業人士當中經常會看

改良塔狀手比起基本塔狀手，是一種更輕鬆的造型，充滿自信，少一分獨裁的氣息。

到，例如醫生、律師等等，當他們需要說服客戶，或是展示自己的權威時，就會很容易看到他們做出這樣的手勢。

而男性形成塔狀手的身體位置，通常大約落在胸部的高度，從而顯得更明顯，顯示自己的信心。而其他人看到你擺出這樣的手勢，也不自覺會對你說的話更有信心，因為你自己已經有了信心，自然會讓別人對你更有信心。

而在日常生活當中，每個人都會有出現塔狀手的情況，只是使用程度不一，與

「尖塔」手勢可以用來強調口頭訊息。

會出現一些變化，形成改良塔狀手，就如周星馳在電影當中的手勢，就是改良塔狀手的一種。有些人會在身體的位置做出，也有一些人會在桌子底下做，罕有情況下，有些人更會出現在頭部的上方。

時尚雜誌《Vogue》在2023年1月時，發放了一段關於周潤發與張家朗的對談片段。內容為周潤發與張家朗，互相分享大家對彼此的看法，並且談到各自登上事業高峰時的心路歷程。張家朗在片段初期，不時會把玩自己的手指，從肢體語言角度，這屬於安撫動作（Pacifying Behavior），見到張家朗亦顯得較為緊張，畢竟背後除了有多位拍攝組的成員外，眼前還有影藝界殿堂級人物周潤發。而張家朗也在訪問中表示，自己也有一點緊張，因為也是第一次見到周潤發。

在片段當中，張家朗的兩手手指，不時會呈現雙指尖互抵，形成塔狀的手勢，這個動作和前文提及的塔狀手有些微差異，並不像祈禱時的手勢，手指並不會互相扣住，反而是以指尖張開，雙手手指互相碰住的形式。

兩人談論的內容，都是圍繞張家朗的劍擊比賽，可見張家朗對於個人在劍擊運動上，也是非常有自信的。畢竟他是香港自李麗珊後，第二位奪得奧運金牌的香港隊選手。

此時的張家朗會不自覺擺出塔狀手的姿勢，因為自己本來對這於這件事，或這個對話內容，自己就是很有優勢的人。而當對話內容改變，或是談話內容自己不熟悉時，他們也會不自覺收起塔狀手，雙手姆指收起。正如張家朗

雙手姆指收起，是略為緊張的表現。

在對談當中，當周潤發指出張家朗已經衝出國際，或是談到張家朗拿到第二面金牌時，張家朗也不自覺收起了塔狀手，顯得有點緊張。

如果你是銷售人員，當到埋門一腳，或是最後關頭要說服顧客購買產品的一刻，建議可以做出塔狀手，展示自己的專業與信心，是一個非常好用的技巧。當潛在客戶看到你如此有信心，不自覺就會被帶動，成為真正的客戶了。

而在人際關係上，有時亦可以擺出適當的塔狀手，但避免過多，畢竟沒有人喜歡一直展示自己高高在上的人。

2.5

馬國明辛苦多年終奪視帝
唐詩詠一個動作盡顯兩人手足情深

作為一位公眾藝人，能夠奪得獎項是對自己的肯定，尤其如果能奪得一些年度獎項，對於自己的藝人生涯，確實是非常大的光榮。

其中作為在TVB演出多年的馬國明，終於在2019年奪得人生第一個視帝獎項，確實讓人非常鼓舞。而馬國明聽到消息後，也是非常吃驚。雖然沒有呈現經典MEME圖樹熊食樹葉的畫面，但從他的表情所見，是完全不知道有什麼反應。或許他當時自己完全沒有想到，自己能奪得該年的視帝，畢竟自己已經提名了12次，這次終於能奪得獎項，確實是非常大的鼓舞。

而作為電視節目當中，彼此經常以「夫妻檔」身份演出的唐詩詠，作為其頒獎嘉賓，也是非常的開心。唐詩詠在頒發獎項時，先露出了杜鄉式微笑(Duchenne Smile)，又稱為真誠的微笑。隨後把獎項交給馬國明後，唐詩詠用手在背後觸碰了一下馬國明，並且真誠的望向馬國明，足見兩人手足情深。

手作為人類的一部分，可以做出無數的動作，小至手工，大至建築，都是由人類的雙手做出而成，可見人類的手部有無限的可能。而在經歷演化數千年的情況，人的手掌已經發展到，對於喜歡的事物會主動觸碰，而不喜歡的事物並不會用手掌觸碰，極限是只用手指頭觸碰，因為人類

人類的潛意識，對於喜歡的事物會主動觸碰，而不喜歡的事物則不會用手掌碰觸。

如果不喜歡某個東西，或是某個人，是不會容許自己的手掌碰到他的。

從演化的角度，人由嬰兒階段，到逐漸被撫養成人，由於在母親的擁抱下成長，人內心其實有著希望被觸碰（Touching）的傾向（當然亦有少部分人因為後天原因，並不喜歡被人觸碰），而人在觸碰的時候，會產生內啡肽Endorphin，能夠讓人們舒緩壓力的化合物。所以為什麼擁抱，是人類非常需要的動作，但由於文化因素影響，華人較少會擁抱對方，反觀外國人非常願意擁抱對方。

筆者在澳洲working holiday的時候，基本上在大街上觀察到不少人在道別時，或是很久不見時，都會彼此進行擁抱，雙方也更願意有肢體上的Touching，或許這是外國人的快樂指數較高的原因之一。

不過人到了外國，思想也較為開放，本人亦認識了一些華人朋友，可能不習慣或文化因素而很少擁抱。而每當筆者主動擁抱他們時，都發現他們其實都非常開心，他們內心深處，其實都希望得到擁抱。

所以大家在日常生活中，在合適情況下，不妨主動給予值得的朋友，或是親人一個擁抱。他們可能會有點不習慣，但內心都是開心的。

從唐詩詠用手掌觸碰馬國明的背部所見，可見唐詩詠對於馬國明手足情深，也對於馬國明能夠得獎感到很開心，可見兩人其實關係都非常好。

2.6

姜濤被問有沒有拍過拖吞口水顯尷尬

作為Mirror成員的最紅人物之一姜濤，在出道前曾經在全民造星當中打拚過，其中在參賽時，曾經被當時的主持問到一些令人較為尷尬的問題，其中包括有沒有拍過拖，是不是處男等等的問題，也讓姜濤顯得非常尷尬，顯得面紅耳赤。

其中主持問到姜濤有沒有拍過拖的問題，姜濤先是一來個尷尬而不失禮貌的微笑，隨後表示自己暗戀過人。而這個時候，姜濤其實已經做了一個用力吞口水的動作，在肢體語言的角度，稱為「Hard Swallowing」。人在緊張或不安的時候，除了會面紅耳赤外，喉嚨也會容易顯得很乾，就像陳奕迅的歌曲《低等動物》一樣，喉嚨很乾。

在這種情況下，很多時候人們為了解決這個問題，就會非常用力吞口水，從而讓自己的喉嚨變為原來的濕潤，以適應這個高壓力的環境。因此聰明的讀者已經知道，用力吞口水的動作，其實也屬於安撫動作(Pacifying Behavior)之一，就是為了安撫自己當下緊張的情緒，從而更能適應當下的環境，以應對當下對自己可能的潛在威脅。

安撫動作在傳統的肢體語言角度上，稱為適應動作(Adaptors)。因為大腦邊緣系統發現當下的環境屬於非常高壓的情況，而為了解決這個問題，就需要一些安撫動作去安撫一下自己緊張的情緒，觸摸

當一個人變得不太舒服時，他們會開始採取安撫行為。

一下自己，讓自己更能適應這個壓力造就下的環境，從而有更好的發揮，避免自己壓力爆煲。

在約會語境當中，當你看到約會的男生，經常對著約會的女生吞口水，其實也是緊張的表現，因為緊張時人的睪丸素會大量產生，尤其男生會對心儀的女生產生更多的睪丸素，從而分秘更多的唾液。這些在口中累積的唾液基於社會規則，是不可能直接從口中吐出的，否則你跟一些公園不衛生的阿伯是沒有分別。那該怎麼辦？當然是吞下它。而由於睪丸素與唾液不斷產生，男生只好不斷因為緊張而吞下口水，最終就是顯得坐立不安。

當然如果約會真的太緊張，又不想被對方發現的話，可以拿起飲料或是水來看，這樣就能避免這個解決，整個動作也顯得較為自然。所以當你在約會時，如果觀察到對方的飲料喝得比你快，其實對方可能是比你較為緊張的。

當然有時情況也並不容許，例如姜濤在受訪當中，只能硬著頭皮回答，所以當眾吞口水也是在所難免。

除了在香港外，在外國的已故天王——Michael Jackson受訪於Oprah片段中，也曾被當眾問及是否處男的私隱問題，可見大家都對於男藝人是否處男之身，感到非常有興趣。

當時Michael Jackson聽到後，他首先用嘴吸了一大口氣(Inhaling)，從肢體語言角度屬於在緊張時，會容易出現的行

可見這時候，Michael Jackson的情緒為百感交集。

為，就如深呼吸一樣。隨後，Michael Jackson做了一個用手擋住眼睛的動作，這亦屬於有壓力時的動作，但臉部仍然臉露笑容回應：「我是一位紳士，並不會在公眾場合討論這麼穩私的事。」

而一些電影當中，也非常喜歡為吞口水這個動作拍攝特寫，讓觀眾認為這位演員顯得特別緊張，從而達到拍攝的效果。

2.7

胡定欣爆粗你無X野呀 一個腳動作盡顯自在

作為TVB藝員的胡定欣，在萬千星輝頒獎典禮2022因為疑似「黑面」的緣故，所以曾一度成為網絡討論的對象。不過作為「天生黑面」，真性情的胡定欣，也在事後大方回應，並沒有因此再受到網民們的批評或討論。

而在無綫電視節目《今晚睇李》當中，其中一集邀請了胡定欣作為嘉賓，而作為主持的李思捷與胡定欣展開有趣的對話，其中胡定欣談到豹哥（單立文）的老婆胡蓓蔚，想穿性感內衣給老公看，但如果老公看到後，一定會表示「你無X野啊」，場面非常轟動。

而這個表情在肢體語言上，其實，筆者暫時也無法解讀。

當準備進入遊戲環節時，在李思捷介紹遊戲名稱後，胡定欣亦做出手勢助興，其中胡定欣的右腳往前放，形成了右腳在前方左邊，左腳在後方右腳的動作，在肢體語言角度，這個稱為交叉腳（Standing crossed legs）。

那人們會在什麼情況下出現交叉腳？給大家五秒思考一下……好，就是在感到舒服，自在的情況下，就會有交叉腳的出現，其實細心的讀者，已經發現標題其實有所提示。

在人站立的情況，感到舒適的話，是會不自覺把腳變為交叉的狀態。因為交叉

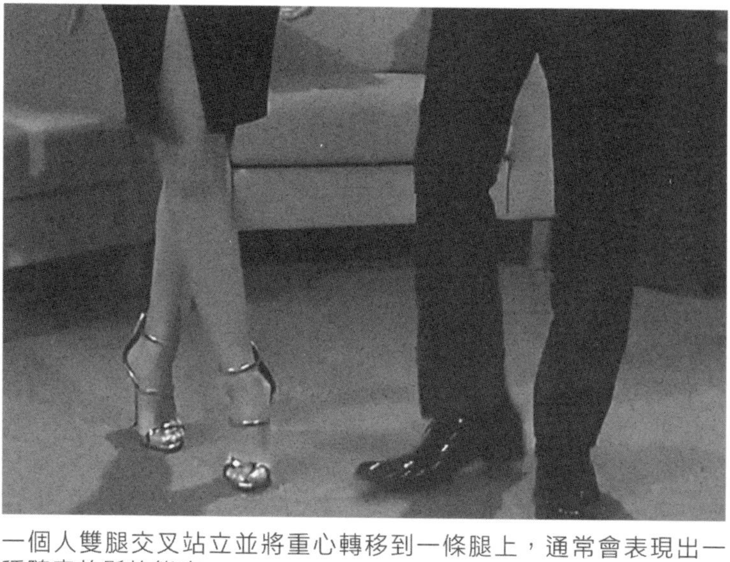

一個人雙腿交叉站立並將重心轉移到一條腿上，通常會表現出一種隨意放鬆的態度。

腳讓自己感到舒適，自在，自信，代表你已經有心理準備，停在這個地方，與你進行對話，或是在這個地方很自在，感到很放鬆。

大家可以馬上立即站起來，嘗試做一下這個動作，你會發現平衡感會降低了一半，這種情況下其實在面臨威脅時，是很難第一時間逃跑的（人遇到危險的三大反應，其中一種就是逃跑）。在大腦邊緣系統的判斷下，當我們感到自在或是舒服時，才會做出這樣的動作，否則是不可能做到的。

大家可以嘗試做一下這個實驗：當你看到一位途人交叉腳停下等人時，如果你上前問路的話，如無意外他會立即把交叉腳收起，變為日常的雙腳平衡姿勢。因為你在途人心中，始終是一個陌生人，始終在心中會對你有一定的防範，或者叫做距離，所以就會把姿勢轉變為較容易逃跑的平衡姿勢，畢竟在彼此未熟識的情況下，都不會輕易向對方展示交叉腳。

所以當認識新朋友時，如果你發現對話途中，對方突然把雙腳轉為交叉腳，可能是對談話的內容感興趣，而更有可能的是對你這個人有好感，你們更容易在之後建立更好的朋友關係。如果是心儀的異性，就恭喜你了！

2.8

一條問題令Collar瞬間「黑面」Marf一個動作暗示不滿

在2022年的叱咤樂壇頒獎典禮當中，由於SoChing的歸隊，Collar士氣大增，但始終其男朋友的話題仍然是傳媒備受關注的議題。而在叱咤樂壇完結後，Collar亦接受一眾傳媒訪問，其中問到了不少問題，Collar亦一一進行解答，而這次的訪問時間亦較長，畢竟Collar很久沒有如此齊人表演。

其中有記者問到，到目前為止，公司並沒有正式交代這個事件，感覺要Collar與Mirro這群「小朋友」直接面對這個問題。而這個提問確實是一個非常有壓力的提問，Collar一眾成員其實都做出了不同的肢體語言，表達對這個問題感到負面，質疑，或是不滿。

其中隊員Marf的動作是最為明顯，在提問快將完結之際，看到Marf用嘴唇做了一個嘬嘴的動作(Lip Pursing)。在肢體語言的角度，如果一個人突然之間做出了嘬嘴的動作，其實是代表對這個人，或這件事感到不滿、負面或是壓力，就有機會做出的動作，因為做出這個動作，其實是需要付出身體的能量，而人類不會無緣無故付出額外的能量，因為人性都是懶惰的。舉一反三，其他肢體語言也是同樣道理。

至於為什麼人會做出嘬嘴的動作？目前尚未有一個正式說法解釋，但筆者自己亦曾經在生活當中遇過不少的情況。記得

嘬起嘴唇是憤怒的典型表現，亦包含自身壓抑當憤怒的情緒，「嘬嘴」這動作，是身體下意識讓自己閉嘴，以防止說出內心想說的話。

在澳洲working holiday的時候，到一間藥妝鋪幫朋友買東西，其中因為找不到，便向在櫃台的店員訊問。店員用電腦搜查後，隨即做出了這個嘟嘴的動作，筆者發覺不對勁，便說了一句：「今天看起來你們都有點忙，是不是較難找到呢？」

該店員則鬆了一口氣，馬上回答：「不是，只是剛巧沒有貨了，非常抱歉。」由此可見，嘟嘴這個動作其實在日常生活當中也能發現，只要留心生活上的細節，也能讓你更容易了解別人當下的心情，從而與人建立更好的人際關係，在生活上成為有同理心，受歡迎的人。

而這個動作，其實在小朋友較容易見到，尤其在頑皮不聽話的小朋友。所以如果你已經是大人，要盡量避免在朋友或客人面前做出這個動作。畢竟這很有可能影響你的形象，或是彼此關係。雖然這個看似是常識，但始終會有人犯下這樣的錯誤，就如阿寶所說，人類總要犯下同樣的錯誤。或許人類在歷史上學到的教訓，就是沒有學到任何教訓。

至於Marf的動作，在當時剛剛SoChing復出的情況下，就被問到如此的問題，感到負面或不滿也是很正常的。

小秘笈

增加對方好感的小心機

①傾斜歪頭

當某人對你感興趣時，他們可能會在與你對話時輕微地歪斜他們的頭。這種頭部的傾斜通常被看作是興趣的一個標誌，女性經常下意識使用。

這表示一種普遍的興趣，並不特指性方面的興趣。然而，當它與其他手勢結合使用時，它可以是吸引力的一個強烈跡象。

女性還經常使用的一種頭部動作是快速地擺動頭部，將頭部迅速轉向一側再恢復原位，同時輕輕地拂動頭髮。這些動作展示了脖子的柔弱之處，傳遞出一個無意識的訊息：「對你有好感並且信任你。」

當有人對你感興趣時，他們可能會在與你對話時輕微地歪斜頭部。

②允許他人進入個人空間

想像一下我們的身體周圍有一個泡泡，我們只允許那些我們感到舒服的人進入泡泡。

如果某人經常讓你待在他們的私人空間裡，那麼這可能意味著他們喜歡你。以其他方式交談或互動時，你會發現那個人比其他任何人都更接近自己。

我們與某人的感覺越親密，我們就越允許他們進入我們的個人空間。

③揚起眉毛

與對方進行交談時，如果你留意到對方的眉毛有不時向上揚起，代表對方對你的談話內容感到興趣，因為這個亦屬於反地心引力動作，人要開心時才會做出的動作，你很難看到一個難過的人揚起眉毛。

所以，如果你想增加對方的好感，可以在對方說到一些感興趣的話題，輕輕揚起你的眉毛。

當對方被你吸引時，眉毛會不自覺起伏。

④NG動作：誇張的點頭暗示了對方的焦慮

當你在說話，對方狂點頭，這不代表對方超級無敵認同你，而是他們很擔心你對他們的看法，怕你不接受他，或是你不會答應他們的提議。

當對方說話時適當地點頭是暗指認同對方的觀點。

第③章

呢個章節係有聲嘅

3.1

震撼性的聲音

當遇到危險時，除了要保持冷靜外，震憾性的聲音可能也是不錯的選擇。

在一次2015年的TVB節目《東張西望》當中，主持人吳幸美邀請到緊急應變中心安全主任——梁國安先生，講解在人多擠迫時，發生意外該如何自保。梁國安先後為吳幸美展示兩個方法，而專業的吳幸美亦續追問，當如果前面的人已經跌倒，我們應否扶起他呢？

吳幸美似乎問對了人，熱心的梁國安亦表示，當前首要任務，就是發出震撼性聲音，以保障自己安全，並主動表示可以示範，吳幸美也很高興地同意了。沒想到梁國安先生突然高呼一聲：「睇住啊！」

聲音除了很震撼，也震撼了整個鏡頭，身邊的吳幸美也自然被震撼了。

從肢體語言所見，原本兩人相近的距離，吳幸美也立即遠離了梁國安，因為當人遇到危險的時候，大腦邊緣系統將直接掌管了整個人（英文為Limbic Hijacking），要求立即遠離危險，所以看到吳幸美的身體軀幹，立即遠離了梁國安，腳亦有所行動，以保持更遠的距離。而這也是人類遇到危險時的逃跑反應（flight），從傳統心理學角度，亦屬於戰鬥或逃跑反應（Fight-or-flight response）的逃跑。

日常生活中，當你談到一些別人不想談及的話題，或

戰鬥或逃跑反應是針對感知到的威脅或危險而發生的自然生理反應，不論是千鈞一發還是演示示範，身體都會啟動此反應。

是別人對你身上有一些反感(例如你做完運動後身體很臭)情況時，也會較易觸發別人的逃跑反應，例如後退，主軀幹突然遠離你等等。

當然你也可以主動遠離一些事或物，表示自己對當前情況不感興趣，是不是很容易呢？

3.2

屈盲人偷睇國家機密

「你怎麼可以屈一個盲人偷看國防機密？」相信這句經典的電影對白，是不少香港人的回憶，10個香港人9個也聽過。來自周星馳電影《國產凌凌漆》一幕，特務周星馳被帶到行刑時，飾演犯人的吳孟達用生動的語氣，可憐的口吻，再用不合乎邏輯的對話，形成了這一段的經典。

其中這一幕的最後，周星馳眼見其他方法無效，決定使出最後一招，用一張100元人民幣賄賂古明華，古明華亦欣然收下，收下後古明華把眼神轉向了右方，完全沒有與周星馳對視，把整個劇情演得淋漓盡致。

一個人出現眼神迴避（eye avoidance），不與另一人對視的原因可能有很多，而在肢體語言角度通常有兩個原因：第一就是認為對話方並不夠格，所以懶得與其有眼神對視，是一種負面的情緒，常見於一些高傲或自戀性格的人。

第二就是出現尷尬，不安時，就會不敢與其有眼神對視，因為眼神對視在這個情況下會為自己帶來壓力，所以本能下就出現眼神迴避，常見於害羞，或緊張的人。

在這種情況下，古明華明顯屬於第二種，因為自己在電影中作為行刑隊長，公然收受賄賂屬於不當行為，所以自己當下也不好意思望向周星馳，就可以這樣解讀了。

眼神迴避可能是想隱藏自己的真實感受，避開對方目光比正面面對更容易。

3.3 《百萬富翁》的莎士比亞四大悲劇

「以下那部不是莎士比亞的四大悲劇之一？A，李爾王；B……」氣氛顯得異常緊張，觀眾看得心跳加速，正是當年亞洲電視皇牌節目——《百萬富翁》的現場，問問題的是主持人陳啟泰，參賽者正正是陳芷菁與其好友鄧光榮。

「B不是……我讀Drama的，肯定不是」陳芷菁用非常肯定的口吻確認，他的友人亦表示：「先拍手好了。」雖然主持也曾給予提示，不過兩人盡顯默契，可謂對這個問題勝券在握，兩人也確認選擇B作為最終答案。

主持隨後亦肯定地表示，奧賽爾（B）並不是答案，而是羅密歐與茱麗葉（D）。在聽到正確答案的兩人，主持顯得非常淡然，感覺就像看透世事的隱士一樣；相反，身旁的陳芷菁就有很大的反應，身體首先傾向，並且展示了非常驚訝的表情，可見這個答案真的讓她那一刻，驚呆了。

從陳芷菁的面部表情所見，她那一刻張開了嘴，同時其雙眼眉位置向上，雙眼張大，嘴唇位置放鬆，形成了一個驚訝的表情。人在驚訝時，可以是張開嘴，或是不張開嘴，視乎該人的習慣，但張開嘴的驚訝對比閉起嘴的驚訝，確實較為容易觀察得到。

根據心理學家Paul Ekman的觀點，

公佈答案的一刻，活生生呈現了何謂「O嘴」。

驚訝在眾多情緒當中，例如快樂、害怕、厭惡等等，是維持時間最短的表情，可能只是1秒，或是不多於數秒。簡單來說，時間一定不會多於一個IG Story的動態。因為人在驚訝時，往往是因為一些出乎自己意料的事出現，例如一些意外，或者是驚喜，從而打破了你的大腦常規，而顯示出來的表情。

人在驚訝時，其實沒有時間去刻意控制自己的行為，並不像憤怒、恐懼時，可以有意識地克制到（當然克制時，有可能從其他肢體語言或微表情泄露）。所以我們在看相片的時候，是很難發現有驚訝表情的，因為這些情況會會出乎意料之外，鏡頭往往捕捉不多。

而在驚訝表情完結後，往往會轉化成其他的情緒，例如快樂、害怕、恐懼等等，因為驚訝的時間很短暫，但這個時候人的情緒已經出現，不再是中性，沒有正面或負面的情緒，所以驚訝出現後就會換化成其他的情緒。

例如你突然發現，朋友正偷吃你放在茶水間的零食，如無意外你先會展示驚訝的表情——眉毛向上，張開了口，雙眼放大，然後再展示快樂或厭惡的情緒。至於之後你會開心還是厭惡，就取決於你的個人性格了。

從節目當中所見，陳芷菁在顯示驚訝表情後，隨後轉化的情緒，更多是樂趣或尷尬，似乎對於自己答錯這個問題，也顯得匪夷所思，因為就如自己所言，畢竟是讀Drama出身。不過幸運地，還是能拿到8000大元。

作為主持的陳啟泰，在事件多年後接受訪問時，談到當時其實自己對於不少藝人，都有給予部分提示。但由於《百萬富翁》需要有參賽者出局才發揮到節目效果，不能所有參賽者都拿到一百萬，而剛巧輪到了陳芷菁與鄧光榮，因此自己也對兩人感到非常不好意思。

3.4

七師傅登上軒公不設防
為什麼一開始需要拿起毛公仔？

作為紅極一時，深受網民愛戴的風水師七師傅，總能在電視節目上有非常幽默的發言，因此深受網民愛戴，尤其她的金句「師傅愛你」，更俘虜了不少網民的心，紛紛向師傅示好。

藝人張敬軒在YouTube頻道開始了一段清談節目，其中邀請了多位藝人一起對話，其中包括梁祖堯、強尼與七師傅。在七師傅剛剛進場時，七師傅馬上要求拿起熊的毛公仔，要「遮一下」。那麼，為什麼七師傅需要拿起毛公仔「遮一下」呢？

從肢體語言角度，這個稱為障礙（Barrier），當人們對於不熟識的環境，或是希望與對方保持一定距離時，會用一些東西隔開雙方，從而讓自己更有安全感及舒適，因為從心理上，會覺得更為舒服，感覺被一些東西包圍著自己，有保護自己的感覺。在心理學上，這叫做心理上的阻隔物，劃出一個屬於自己的安全距離。

本人曾經在澳洲的壽司店工作，記得有一次在休息室吃飯時，看到一位女同事在旁邊，筆者一坐上後，她雖然表面上示好，但已經把麥當勞的紙袋，與一本書放在我們的之間，已經感受到她其實仍然需要一個自己的安全距離。筆者觀察到後，馬上把距離移開，繼續我們之間的對話。一段時間後，她就不自覺把這些東西移開，我們隨後也成為了朋友。

使用物體在自己和他人之間形成屏障，象徵防禦姿勢。

而障礙其實可以以任何形式出現：在酒吧場合，酒杯可以是一種障礙；在地鐵當中，背包可以成為與陌生人距離的障礙；在自修室當中，間隔設計已經是一種天然障礙；在辦公室當中，堆積如山的文件也是一種障礙。

如果沒有任何物品作為障礙，交叉手或翹腳，也是一種障礙，心中感覺與對方保持更多的距離。所以戴口罩，也會讓自己感到更為舒適。這是人去適應陌生環境的方法，我們如果看到，不應責備該人，反而應給予更多的理解，畢竟每個人都有自己的選擇，你也不會想別人無緣無故改變自己。

從演化角度，女性天生對比男性，是需要更多的安全感。在原始社會當中，古代男性為了生存，會主動出外狩獵與工作，更能主動適應陌生的環境，因此亦不需要很多安全感，因為生存是首要的任務。古代女性則更多是負責養育後代，負責後勤工作，所以並不會像男性更需要主動適應陌生環境，因此也更需要安全感。

經過不斷的演化，男性與女性的天性都保留下來，雖然現代已經進入文明社會，但我們一部分最原始的基因，仍然存在於我們的大腦當中。所以，我們也可以理解七師傅為何需要「遮一下」了。

3.5

鍾培生PK Toyz 火藥味勁濃

相信對於藝人的新聞，其中一件讓人深刻的事，莫過於鍾培生決定與網紅，香港出身的Toyz舉行拳擊賽。作為Toyz前老闆的鍾培生，曾經因為控訴鍾培生要求其「打假賽」，導致兩人關係正式破裂。官司打了數年後，Toyz付出了價值兩百萬的港幣，而作和解解約。

而作為「電競之父」的鍾培生，曾經與林作有過拳賽對打的經歷，當時一度成為傳媒的焦點，而拳賽也讓雙方無論在收益，或是流量都得到好處，因此這次鍾培生亦決定與Toyz再次舉行拳擊賽，試圖重拾昔日的風采。

兩人在記者會當中，為了對拳擊賽進行造勢，兩人曾一度面對面互相對望，場面火爆。那麼，為什麼這個畫面會讓人感到非常有火藥味呢？原因在於四個字—空間語言。在人的大腦當中，與不同人相處的距離，其實可以分為四個距離—公共距離、社交距離、私人距離、親密距離，而這個距離指的是人與人之間的物理距離。

用人話來說，與陌生人相處的距離範圍，大概為一隻手臂加上半隻手臂，在社交場合的距離大約為一隻手臂的距離，在私人距離為半隻手臂的距離，而親密距離為一個拳頭的距離，甚至更短，或是沒有距離。所以你會看到為什麼情侶，或是親人相處時，彼此都會靠近得非常接近，沒有任何距離。而當你看到街上的銷售員與路人互動時，大部分的距離都是公共距離。

舉個例子，如果你認為某人只是你的普通朋友，而他已經把你當成好兄弟，或是好閨蜜，而靠得很接近你時，你會下意識感到非常不舒服，會適當地在距離上遠離這個人一點，讓自己感到舒服。這就是為什麼，人與人之間某程度上，確實需要保持一定距離。

如果大家在街上觀察人們的對話，透過觀察彼此之間的距離，就大概可以判斷到他們的關係大概是怎樣的情況。就像中學的團隊訓練營，當大家一開始並不認識，但需要圍圈的時候，你會發現一開始整個圈都是非常大的；但當大家逐漸熟悉，大家都融入整個團體時，圍成的圈就是很小的圈子。

回歸正傳，相信大家都知道為什麼鍾培生與Toyz的對視，看起來如此火藥味濃了：兩人關係並不好，相信雙方都只能容許對方進入自己的公共或社交距離，但兩人目前相距，頭與頭之間的距離，已經是親密的距離，加上兩人同時是挺胸（chest out）的狀態，這在街頭衝突當中非常容易看到的，所以為什麼這個畫面，讓人感到濃濃的火藥味了。

一些經典電影畫面亦會塑造類似的鏡頭，以營造緊張氣氛。例如在經典動作電影《無間道》劉德華飾演的劉健明和梁朝偉飾演的陳永仁，在天台上談判一幕，造成影壇經典。

電影中陳永仁得知劉健明是黑幫派去警方的臥底，劉健明私心又起，要脅把陳永仁的臥底檔案刪除，無法恢復警察身分。二人談話時，頭與頭之間的距離相當接近，光是看靜態電影截圖都可以感受到二人間針鋒相對。

《葉問3》，葉問親自前往拳王泰臣(Mike Tyson)的武館比武，在兩人對打前，兩人都曾有過面對面對視，站得非常接近的電影鏡頭，也為接下來的精彩武打場面埋下了伏筆。

一些經典電影畫面也會呈現類似的鏡頭，以營造緊張氣氛。

3.6

Tyson Yoshi
摸下褲襠展示霸氣

作為新世代歌手的Tyson Yoshi，他曾經在地下音樂打滾，在2018年透過歌曲《To My Queen》出道，目前人氣高企，也深受年輕樂迷的歡迎。

而在2022年的9月，Tyson Yoshi曾經在《A Million Dreams》的演唱會擔任嘉賓，當時曾主唱多首歌曲，讓全場氣氛為之高漲。其中在唱完Growing Up後，全場為之鼓掌，而Tyson Yoshi亦向歌迷擺Pose，並向一眾歌迷介紹自己：「Hello，我是Tyson Yoshi」

隨後開始說到自己的感受時，看到Tyson Yoshi用左手握住褲襠位置。從肢體語言角度，這個可以稱為褲襠式展示，英文為Crotch Display，又可以稱為握住生殖器（Genital Framing）。

這個動作常見於男性，通常會讓大拇指扣在腰帶內側，並靠近拉鏈的位置，並餘的手指垂下，就像用手框住自己的生殖器。這個動作其實具有非常強烈的支配意思，潛台詞彷彿向對方展示：「我非常有男子氣概」、「我已經支配了這裡」、「我就是強壯的男人」。

這個手勢傳達了非語言訊息：「我充滿活力、強大且具有統治力」。

這個動作顯示了Tyson Yoshi對自己能力的信心，與雄性魅力。而作為Mirror成員的姜濤，在叱吒2022當中表演鏡中鏡，在表演的中途也曾做出了這個動作，可見無論是姜濤，或是Tyson Yoshi，對於自己的表演都可謂充滿了信心，也是為什麼他們能夠人氣高企的原因。如果自己都對自己失去了信心，怎麼讓樂迷對自己產生信心呢？

傳奇天王Michael Jackson，也曾被問及跳舞時做此動作的意思。

經典摸褲襠跳舞動作，有型且自信。

Michael Jackson回答指，這是在音樂節奏的帶領下，作為一名舞蹈員，因應音節節拍做出的潛意識動作。有時回看自己的跳舞片段時，才發現自己有做過這樣的動作，並形容自己是「音樂的奴隸（I'm slave to the rhythm）」。由此可見，褲檔式展示有時並不是刻意的，而是在無意識下做出的動作，以展示自己的自信。

相信大家都記者影帝Will Smith，在奧斯卡打人時的畫面吧？Will Smith奧斯卡公然打向Chris Rock後，Will Smith在走回台下的時候，其實也做了褲檔式展示這個動作，可見他對於為保護老婆Jada感到非常自在。不過我們不知道的，是Will Smith是有意識做出這個動作，還是無意識做出這個行為，個人認為是無意識的情況下居多，當然你們也可以認為是有意識。

因為在分析肢體語言這個學問當中，每個人分析到的東西都可以是不同的，最重要的，是在分析的過程當中，有沒有從中學習到，如何與對方建立一個更好的人際關係，才是關鍵，畢竟肢體語言本質，也是人際溝通的一部分。

亦有人問到女性會否做出這樣的動作？筆者的經驗是不多，基本上絕少情況會看到，相反男性則較容易看到，畢竟男女的生理構造不一樣。

你可能會說，應該不會有人公然在公眾地方，炫耀自己的性能力吧？但實際上這個動作，在日常生活出現的頻率，其實比想像中的高，大家細心留意的話，是可以發現到的。

3.7

人在遠方嬋沒有和唱 仔細解構鄭嘉穎的面容動作

在一些香港經典的影片當中，鄭嘉穎亦有上榜。在2010年的TVB電視劇《鐵馬尋橋》當中，鄭嘉穎在主題曲《雪下思》當中，就在唱到「人在遠方，蟬沒有和唱」的歌詞當中，鄭嘉頓大喊了一聲：「啊！！！」這個迴響確實讓人回味無窮，也是不少網民的童年回憶。當想到鄭嘉頓時，一定想到這個「啊！」字。

而鄭嘉頓的面容，也是讓人非常印象深刻，畢竟這個「啊」字用力非常深，就像吼叫一樣。從肢體語言角度，這個面容其實可以歸類為憤怒。從鄭嘉頓的叫喊的面容所見，鄭嘉穎有皺著眉頭，其實這是憤怒時很容易看到的肢體語言，人在心情欠佳，或是有掙扎的時候，就會很容易看到的。其次鄭嘉穎的下眼皮位置有所綳緊，並且頭有稍微向前傾，這也是人在憤怒時容易發現的，因為向前傾代表有意與對方發生衝突。

另外，鄭嘉頓的鼻孔與平常對比，亦有所擴大，肢體語言我們稱為鼻孔擴大（Nostril Flaring）。人在憤怒時，下一步有可能與對方發生衝突，因此鼻孔會擴大，以便吸收更多的氧氣，讓自己的肌肉能運動起來，方便下一步的動作。這時血液也會逐漸流向雙腳以及手部。同時，鄭嘉頓的嘴巴亦有打開，人在憤怒的時候可以是閉起嘴巴，也可以是打開嘴巴，兩者並沒有衝突。

而在眾多情緒當中，憤怒其實是最為危險的情緒，因為憤怒往往代表對一個人

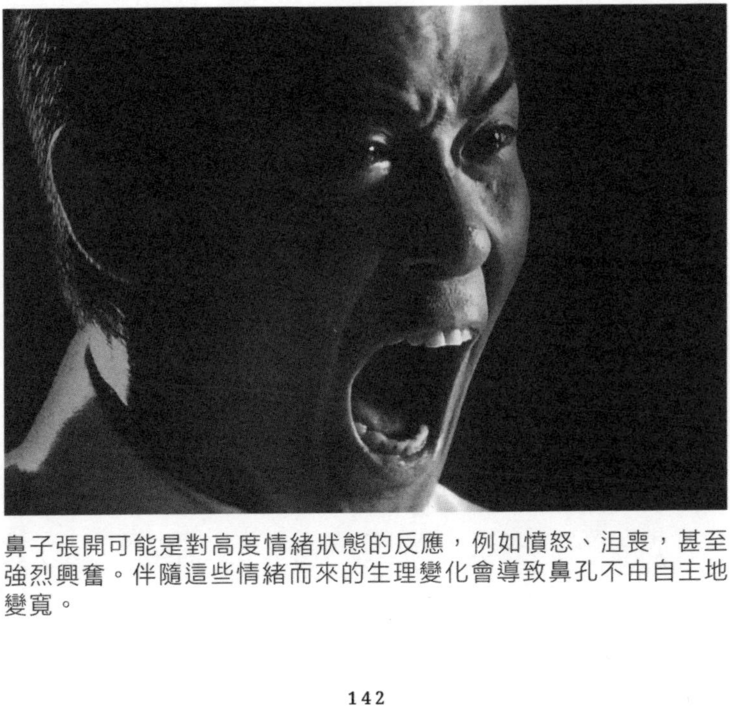

鼻子張開可能是對高度情緒狀態的反應，例如憤怒、沮喪，甚至強烈興奮。伴隨這些情緒而來的生理變化會導致鼻孔不由自主地變寬。

或一件事的憎恨，下一步更有可能的，就是發生衝突。人其實先天是具有攻擊性的，只是在現代文明社會的教育下，才把這個攻擊性收起，或是以言語上的衝突，來代表以往物理上的衝突，以滿足人攻擊性的傾向。

另外憤怒最危險的地方在於，會引起對方的生氣。而導致的結果，就是雙方的惡性循環，大家在言語衝突的情況下，互相愈來愈生氣，最終可能會令雙方之間的人際關係直接破裂，嚴重者甚至可能發生流血衝突，所以確實要小心流意憤怒這個情緒，因為處理不當，有可能會上新聞的。

而一個人憤怒的原因很多，可能是對一個人的行為失望，可能是某個人的主場行為冒犯到自己，可能是受到拒絕，可能是因為欲望得不到滿足，很多原因都可以導致憤怒的出現。

而憤怒也有很多種類，例如憤慨、激怒、憎恨、報復等等，憤怒的種類五花八門，但最終導向的結果往往都是同一個東西——衝突。而人的情緒，往往是先有了感受，才有情緒的出現，例如人在憤怒時，往往會先感受到心跳加速，或是肌肉崩緊，然後才會出現負面情緒，但人很多時的情況，是感受與情緒並行，所以往往就很容易直接爆發衝突，這就是人際衝突的主因。

至於鄭嘉穎的經典面容動作，成為了不少網民的回憶，多年後鄭嘉穎亦以「啊！！！」，作為拍攝外送平台的廣告主題，成為其個人賣點。

小秘笈

觀察對方心情的3個秘笈

①眼神

眼睛作為人們的靈魂之窗，其實可以很快看出一個人的內心狀態，例如開心、憤怒、壓抑、驚訝等等，尤其該人的眼神變化，日常溝通時亦應與對方維持一定的眼神接觸，對方才會感到自己受到重視。

②雙腳

一個人的嘴巴可以說慌，但雙腳很難說慌，例如開心時腳尖會向上，當想盡快離開時會把一隻腳指向門口，不開心時雙腳容易屈曲向下沉，這時你就能很快判斷對方的狀態。

③交叉手

大部分人都有交叉手的習慣，可能有人認為這是屬於反對，或憤怒的情況，但其實並不一定，交叉手只能代表這個人正在自我安慰，屬於安撫動作。當然亦有可能屬於反對或憤怒，這時需要綜合當下的語境進行判斷。

第④章

八大面部表情

八大面部表情

在討論完公眾人物值得留意的肢體語言後，我們馬上進入面部表情的部分。在了解面部表情前，我們先簡單了解一下情緒。

情緒其實是人最重要的部分，它能夠激起我們對生活的熱情，也能瞬間摧毀我們的一切。如果你覺得一件食物很噁心，讓你出現厭惡的情緒，即使你快要餓死，你也不會吃；如果你打算發生性行為時，但出現恐懼的情緒，即使你很想進行性交，最終你也不會與對方進行交配。

人類所有的行為，最終目的不外乎達到生存與繁衍兩大，但情緒的力量，足以壓制住人類這兩大目的，所以是非常可怕的力量。

而當人出現情緒的時候，面部會馬上出現反映，「喜怒哀樂全寫在臉上」就是這樣的道理。即使有些人是喜怒不形於色，但人的第一反應是最真實的，就算某個人想隱藏某些情緒，但由於他的情緒已經出現，他的面部肌肉會受到他的情緒帶動，而出現 1/25 秒，或 1/4 秒的表情，簡稱為「微表情」。

微表情的出現稍縱即逝，必須要非常專心，或是密切看著對方的表情才能留意到。另外，這個人也會有一些較為微小的肢體語言呈現，例如憤怒時會突然握緊拳頭，悲傷時出現輕微淚光，開心時不自覺踮腳（un腳，有些人可能是習慣），討厭時會咪眼，甚至快速反白眼等等。

現在我們就來看看，一個人的八大表情是怎樣的，這是根據心理學家 Paul Ekman 的理論，而作出的談討：

4.1 中性

中性表情是一個最常見的表情，用成語來說，就是目無表情，因為這是所有人大部分時間，所呈現的臉容，不喜不悲，沒有帶任何情緒。基本上你在月台等待地鐵，或是到樓下等待外賣時，遇到的大部分途人，都是這個樣子。

在觀察其他人的表情時，中性其實是一個很好的「起手式」，即一個人最初的面容狀態。當你知道了他日常大部分時間所呈現的樣子後，當他面容出現任何變化時，你就會一目了然。有些人看起來較為友善，有些人看起來較為黑面，其實這都是他們的中性表情，沒有帶好壞之分（當然筆者個人是相信相由心生的）：

中性表情，大部分人日常呈現的樣子。

4.2
快樂

當一個人感到開心時，他的面部也會呈現開心的面容，相信全世界所有人都知道，怎樣可以判斷到一個人是否開心。但在這兒裡想較為科學地，解說當一個人開心時，到底會有什麼樣的表情呈現。

一個人開心時，主要有三個明顯的指標：第一，他的雙眼末端位置，會有所牽動，眼輪匝肌（Orbicularis Oculi Muscle）位置會有所牽動，用人話就是眼睛尾較外部的肌肉會受到牽動，因此如果一個人大笑時，亦會出現魚尾紋；第二，他的臉頰肌肉位置亦會有所帶動，顴肌主位置肌肉（Zygomaticus Major Muscle）會向雙眼位置向上拉，這時同時也會帶動第一點所提及的位置；第三，這個人的嘴巴會兩邊向外拉，形成一個笑容，可以是露齒笑，也可以是不露齒笑。

真正笑容的臉頰位置，是會向雙眼位置向上曲，而不是雙耳位置，因為當如果一個人的臉頰位置，只向雙耳位置向上曲，沒有帶動到上述第一與第二點的肌肉，便不會形成真正的笑容，這屬於假笑。所以為什麼，大家都會說「他的眼睛在笑」，就是這個道理。

開心的表情，要留意眼尾和嘴巴。

4.3 憤怒

憤怒是眾多情緒當中最可怕的情緒，因為它有可能會帶動一個人促使的行為，從而引起心理上或物理上的衝突。

更可怕的是，一個人的憤怒，可以引起另一個人的憤怒，因為憤怒時，這個人是不理智的。然後被惹起的人，會再用更多的憤怒回敬起初憤怒的人，就像踢球一樣互相回傳，最終大家都會愈來愈憤怒。

一個人在憤怒時，主要有三個明顯的指標：第一，雙眼眉毛會向內收緊，形成皺眉，輕微者則額頭肌肉出現輕微皺紋；第二，上眼皮位置會放大，下眼皮位置出現繃緊，眼睛就像石頭一樣非常僵硬，很多時候憤怒的人是不會眨眼的，成為凝視（staring）；第三，嘴唇位置會完全繃緊，即使他是打開口，嘴唇也是繃緊的打開，與日常中性的情緒完全不同。

當一個人憤怒時，如果想讓他平息下來時，應該用更小的聲音與他對話，並用身體的側面對著他，讓出更多空間，並主動深呼吸。

如果情況理想，他會被你的節奏所帶領，就會慢慢平息下來。如果你想讓他更憤怒的話，可以用更大的聲音，身體完全正對著他，入侵他更多的私人空間，這是非常有效的做法，當然此處純屬開玩笑而已。

其他有可能呈現的肢體語言：握拳，手指指，舉中指，交叉手，叉腰，大喊，用腳大力拍地，鼻孔擴張（Nostril Flaring），身體佔領更多空間：

憤怒的表情，面容僵硬鼻孔擴張，代表此人真的怒了。

4.4
厭惡

厭惡也是一個普世表情，而厭惡其實並沒有憤怒如此大的殺傷力，更多時候，是向對方反映一種感覺。

其實厭惡的本質，主要來說，就是你主觀上希望能遠離這個東西，因為你並不喜歡它。如果你對一個人展示厭惡的話，因為你已經很討厭這個人，或是討厭他所做出的行為。

而一個人出現厭惡時，表情上會有這三個明顯指標：第一，上眼皮位置與下眼皮位置會收起，形成瞇眼；第二，眼眉位置會向下擠壓，山根位置會出現明顯的皺紋；第三，兩邊嘴唇位置會向上收緊。簡單來說，你可以想像一個人的面部肌肉，正在向中間位置收緊，這就是厭惡的表情。

不過由於厭惡的表情，與日常大力呼吸，或是一些調整面部的動作很相似（例如抹乾鼻水後），因此我們應根據當下的語境，小心判斷是否真正的厭惡，否則會引起不必要誤會。

厭惡的表情。

4.5
驚訝

「Surprise!」要一個人顯得驚訝，是一件難能可貴的事，因為在眾多表情當中，驚訝是較難在日常出現的，因為人的日常生活，基本上大部分時間都是平淡為主，通常要遇到驚訝，都要遇上一些意外的事，例如同事為你準備的生日蛋糕，在路上突然遇上舊朋友，或是突然喝到一瓶意外好喝的奶茶，就會出現驚訝的情緒。

而驚訝是在眾多表情當中，最為短暫的一個表情，持續時間可能只有1秒，甚至最短可能只有四分之一秒，所以為什麼會在上方表示，驚訝表情是難能可貴的，因為驚訝實在很難在日常生活察覺到，始終物以罕為貴。就如英雄聯盟的技能，當驚訝「閃現」後，馬上就會轉化成其他的情緒，例如開心，恐懼，憤怒等等，所以也可以把驚訝理解成，其他情緒的一個啟動點。

當一個人出現驚訝時，會出現以下三個明顯指標：第一，上眼眉位置會自然向上升，但不會綳緊；第二，上眼皮位置會略略放大，下眼皮位置並不會綳緊；第三，嘴巴是會呈放鬆狀態，大部分時間嘴巴會打開，當然也會有嘴巴合起的情況。

其他會呈現的肢體語言：肩膀位置會向上拉，身體突然站直，身體突然向後拉等等。

驚訝的表情。

4.6
害怕

生活上有很多時間，我們會展示害怕的表情，例如在看恐怖電影，遇上危險等等，都足以讓我們感到害怕。

當一個人遇上危險時，會有三大反應：靜止，逃跑，奮戰。而人類在靜止時，會刻意隱藏自己，因為可能遇上了一些危險，這時人就會很容易出現害怕的表情，因為可能在當下不能選擇逃跑或奮戰，就只能選擇靜止，但由於會有被發現的可能，所以就會有害怕的情緒，因為這時人正專注於威脅的準備來臨。

害怕並不一定是真實發生的，很多時想像的畫面，都足以讓你感到害怕。例如你在看完恐怖電影後，回到家中，想起那些在廚房出現的畫面，就足以讓你整夜不敢踏足廚房。當然也有真實發生的事，例如你在洗牙時，由於很害怕洗牙的聲音或痛楚，都足以讓你感到很害怕。

一個人在害怕時，會主要有以下兩個指標：第一，上眼皮位置會放大，就如驚訝一樣，但不同的是，下眼皮位置會呈現繃緊，驚訝的下眼皮位置是放鬆的。

第二，嘴唇位置會水平線地打開，可以是打開口的，也可以是不打開口的，視乎該人的習慣而定。

其他呈現的肢體語言：身體顫抖，身體收緊，起雞皮（goosebumps），臉色蒼白。因為人在害怕時，會傾向逃跑，這時血液都流向了雙手與雙腳，身體做好隨時逃跑的準備，而臉部血液流動不足，就會臉色蒼白。

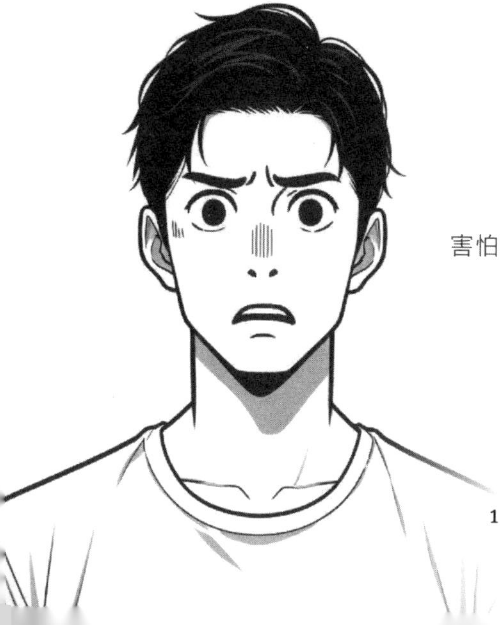

害怕的表情。

4.7
悲傷

悲傷也是較容易看到的表情，當遇上一些令人失意的事，可能是學業成績不如意，感到委屈，或是失去了有紀念價值的物品，都足以讓人感到悲傷。

當我們感到悲傷時，我們身體會變得非常被動，因為這能讓我們保存更多的能量，讓自己得以進入「省電模式」。

而悲傷雖然會讓人感到傷感，但從社交角度去看，其實悲傷表情也是有功能性的，因為當一個人展示悲傷時，我們不自覺會去關心他，去安撫他，去幫助他，這個人也能從中得到心靈上的安慰，從而讓自己更容易走出困境。

畢竟我們的祖先在數萬年前，也是透過表情去互相流露個人情感的。而悲傷在眾多表情當中，普遍是會維持較長時間的。

一個人在悲傷時，會有以下三個明顯特徵：第一，上眼皮位置會大幅向下垂，雙眉亦會下垂，眼神顯得無力；第二，眼睛會泛起淚光，甚至流淚；第三，嘴唇兩邊位置會微微向下垂。更有一些人在悲傷時，是完全不想看到外部世界的，因此會把雙眼緊閉。

其他會呈現的肢體語言：流淚，哭泣，用手擋住眼睛，整個身體向下，就像有一塊大石頭拖住自己。

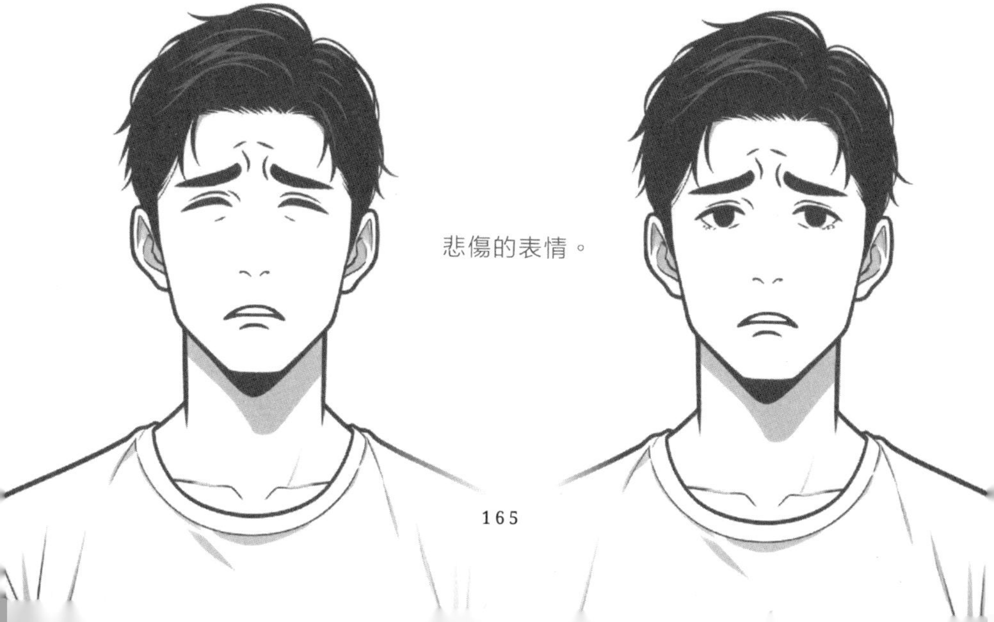
悲傷的表情。

4.8
蔑視

蔑視是眾多表情當中，情況最為嚴重的，因為這已經代表了對一個人的不尊重，或是對一件事的不尊重，心底會認為自己比這個人，或這件事優秀，才會呈現蔑視的表情。

表情呈現可能是突然心中想到一些事，又或是對一個人打從心底的蔑視，因此看到時要多加留意，應結合其他客顧因素如當下語境，前因後果等等，再作出判斷。

蔑視的表情當中，只會呈現一個指標：嘴唇向單邊方向拉。可以是左邊，可以是右邊，只要是單邊方向拉，就能判斷屬於蔑視，因為這個動作實在太不自然了，很容易就能發現。（筆者在寫書一刻，只見過一次）

如果確認對方是對你整個人作蔑視的話，最好的辦法，就是馬上遠離這個人，因為對方已經打從心底不尊重你，溝通應該是彼此平等的。

蔑視的表情。

第⑤章

三個讓你快速提升優勢的
非語言細節

5.1
美貌紅利
（Beauty Divend）

所謂「人帥真好」，無論是男生還是女生，擁有一個好的外觀，確實能為你在人際溝通帶來優勢。這裡無意歧視任何人，但是從生物學的角度，每個人都會本能留意最優秀，最好的事物，畢竟愛美之心，人皆有之。

一個好的外觀，佛學稱為皮囊，也會讓你更受其他人的歡迎，在受人喜歡的同時，自然也會為你帶來更多機會。只要簡單想一下，你是一位面試官，前面站著兩個同等學歷，性格，能力的人，其中一位是非常精神，衣著得體的人，而另一位則是衣服骯髒，沒有洗頭的人，你會選擇那一位呢？相信你內心已有答案。

美國經濟學家Daniel S. Hamermesh與Jeff E. Biddle曾在研究當中指出，無論是相貌較美的男性或是女性，收入上普遍都會比相貌較差的男性或女性高，高大於10%，這是不爭的事實。其實這並不是什麼新鮮事，在網絡上也有不少人高呼這個世界就是美的人當道，但其實我們細心思考一下，為什麼男明星與女明星，都要在登台前要經過細心的化妝，並且日常都要好好保養自己的皮膚呢？這就是美貌紅利（Beauty Divend）。

可能你會說，如果天生並不麗質，該怎麼辦呢？雖然外貌是無法改變的（如果真要說，現今也有整容與微創），但你還是可以改變自己的穿衣打扮，整潔得體的部分，提升個人的魅力。這有點像斯多葛哲學的控制二分法，接受那些不能控制的事，並控制那些你能控制的事，讓自己優勢最大化。

一個人的穿衣打扮，除了會影響別人對你的觀感外，別人還會透過你的穿衣打扮，去猜測你的社會地位、工作、背景，收入多少等等。這不是開玩笑的，筆者曾在澳洲打工度假，於墨爾本的圖書館外散步時，當時身穿綠色夾克外套，身穿白布鞋，顯得自信的樣子

（雖然本人也是有自信的）。有一個外國人突然走過來搭訕，他說正在尋找一個關於科技工作崗位的機會，說筆者看起來很像那些管理人，但其實筆者只是一個到澳洲打工的人，當時的正職還是洗碗工（好聽點，叫廚房助手）。

這次的經歷，讓筆者明白到穿衣打扮，其實是非常影響別人對你的觀感，所以在穿衣時，也要非常留意。記住，如果你的衣服打扮，正在表示你並不重視這個場合，這個社交環境的話，別人也不會重視你，因為這是雙向的。

這裡列出一些我們值得留意的打扮細節：

- 頭髮是否有洗頭，整潔沒有頭皮
- 早上有沒有洗面
- 眼中有沒有眼屎
- 避免鼻毛外露
- 穿衣是否整齊，衣服是起皺還是燙直
- 褲子/裙子是否合身
- 鞋子是否適合今天的社交場合，鞋子有沒有打理好
- 如果是工作場合，要遮起紋身（視乎工作性質）
- 全身打扮建議只存在三種顏色（潮流例外）
- 記得剪好指甲
- 工作場合如果女士要配戴手飾珠寶，要輕便簡單為主
- 工作場合避免噴香水，因為每個人喜好不同，不噴就不會錯

」工作場合要配戴手錶，代表你是注重時間的人

一個對自己外觀有要求的人，自然也會吸引更多對自己有要求的人，也更容易被其他人接納，無論是舊有的朋友圈子，還是在外面的陌生圈子。有一句話說得好，就是你想遇到貴人，你必須先成為貴人，你才會遇到貴人呢！

5.2
日常行為

日常各種的行為細節，也是讓你快速提升社交優勢的方法。如果想讓對方願意和你對話，聊天，有一個核心是必須要做到的——你必須讓對方感覺到，他是重要的，而且這是發自你內心所想。

試想像一下，如果你不是發自真心覺得對方是一個重要的人，你還會用心與對方對話嗎？並不會。

打個比喻，這裡不是歧視任何人，再強調只是一個比喻，沒有歧視，假設當街頭的推銷人員，或是一個乞丐想走過來與你對話，我們大部分的情況都是無視這個人，因為你覺得對方並不重要，因此也作出了忽視這個選擇。我們內心所想，驅動了這個行為，從而有了這個結果。

所以，如果你想快速提升自己的非語言技巧，你必須從心出發，覺得與你對話的人是重要的，你才會重視這個對話。而你在重視這個對話時，對方也會感受到的，自然也會對你重視，當你是好朋友，好的合作夥伴，甚至是答應你的要求。

在全球暢銷書《影響力》當中，提到第一個最重要的原則，就是互惠原則。因此如果對你向對方展示出重視的態度，基於這個原則下，對方為了報答你，也會對你展示重視，那麼你在社交當中便更具有優勢。

那麼到了一些重要的實際技巧，這些都是在與人社交當中，一些能為你提升優勢的非語言細節：

- 態度
- 禮貌
- 走路速度（幫助對方時，你是慢慢走過去，還是快速走上前幫忙）
- 聲線大小運用（聲量是否讓對方舒服）
- 不批評
- 給對方留面子（尤其華人社會）
- 感恩對方
- 知恩圖報
- 看場合表達適當情緒
- 會低調觀察別人眉頭眼額

最終我們化繁為簡，把這些日常行為，濃縮成短短四個字——人情世故。

這些都是每個人一生都要修的學問，要有幸福的人生，不外乎健康，錢財，與人際關係，而人情世故正正是人際關係當中，最為核心的。所以一個會做人的人，基本上一生都不會太差，因為他即使可能沒有太多錢，但他得到了別人的認可（甚至是很多人的認可），這是人類內心底層都需要被滿足的需求。

5.3

微笑（放鬆）

最後最重要的，就是微笑。不知道大家有沒有留意到，自己在日常生活當中，有沒有微笑的習慣呢？其實大部分人在日常當中，都是目無表情的，而這往往會讓人感覺你是在「黑面」，會讓人覺得你因為一些事而不開心，因此也會容易對你敬而遠之。因此，在生活當中學會微笑，是很重要的。

筆者讀大學時，因為以前也是比較木訥的人（雖然現在看起來也很木訥），當時在帶領學校的迎新營時，因為晚上我們還會繼續聊天，當說到第一印象時，有一位組仔（男性組員），就問筆者帶組是不是很不開心。當時感到很奇怪，筆者明明心情很好，那來的不開心呢？

他就說，筆者的表情經常看起來都目無表情，因此就在想是不是其實你是不是被迫參與的，這句話說完後所有人哈哈大笑，筆者亦尷尬得紅光滿面！這次的經歷後，筆者也開始慢慢修正自己的面部表情，與別人溝通時帶有微笑，也似乎讓自己在社交上更為順利。

在成功學大師——卡內基的名著《人性的弱點》當中，其中有談到建立美好第一印象的重要原則，就是微笑。他甚至形容，臉上的神情比身上的衣著重要更多，因為人與人交往當中，在與你尚未開口說話之前，他就會透過你的表情，去判斷你是否歡迎自己。當然笑容必須是真正的微笑，

不是假笑。真正的微笑，是會帶動雙眼尾部的肌肉，嘴唇位置向雙眼位置向上曲，而不是雙耳位置。向雙耳位置上曲的笑容，是假笑，並不是真笑，而人人都討厭虛偽的。所以如果你想別人樂於與你溝通，你必須先真正樂於與他溝通，這點與上述第一點中，提到遇貴人的道理是如出一轍的。

而在著名Ted講者，哈佛大學教授艾美．柯蒂（Amy Cuddy）的暢銷書籍《姿勢決定你是誰》一書當中，就有提到過，臉部的表情，呼吸，甚至你的姿勢，都足以影響到你的情緒。她的觀點，就是可以透過一些外在世界的言行動作，去改變你內心的狀態。例如你目前正感到沮喪，你可以站正身子，大笑，透過外在的動作，去提升自己的情緒。簡單來說，就是筆者因為唱歌而快樂，而不是快樂而唱歌。其實這個從底層來看，已經來到到底是外在世界影響內在世界，還是內在世界影響外在世界的問題本質，但這並不是今天要討論的重點。

最重要的，是她在研究中發現，透過改變身體的行為，把自己想成特定某想成特定的樣子，就能一步一步把它變成真實的存在。用大白話來說，就是你的身體是怎樣，你的情緒就會變成怎樣。如果你呈現悲傷的表情，身體收縮一段時間，那麼你的內心情緒就真的變成了悲傷；如果你呈現開心的表情，身體向外擴展一段時間，那麼你的內心情緒就真的變成了愉悅。因此，如果你是一個長期帶有微笑的人，你就會慢慢變成一個樂觀，帶有正能量的人，你的人生也會帶來改觀，也會提升你的社交能力。

而在微笑的同時，也要注意放鬆自己的身體，因為一個僵硬的身軀，給人的感覺也是很緊張，而你這個時候由於無法放鬆，給人的笑容也是非常不自然的，別人就會覺得你的面容很奇怪。有時如何判斷對方是真笑還是假笑，在剔除所有面部觀察，技術層面的東西，最終還是我們的直覺，是最準的，所以要相信你自己的直覺。自己也要學會放鬆，如果在一些社交場合感到不自在，難以放鬆的話，深呼吸三秒，再重複數次，會是不錯的方法，畢竟一個緊張的人，在社交時只會注重自己，而忽略了別人，是難以對其他人產生同理心的。

大家都說第一印象很重要，那麼如何建立美好的第一印象呢？最好，最快，又免費的方法，就是微笑了！既然如此簡單直接，何樂而不為？

結　語

先真心感謝正在看這段文字的你，你的支持是對筆者最大鼓勵，沒有什麼比這個更讓人開心了。

相信你已經了解一定關於肢體語言，與非語言溝通的知識，能為你的生活帶來一定幫助。一個人的細節，其實除了反映他的情緒外，還會反映他的思想與行為模式。

這些知識本質上，還是人與人溝通的藝術，即使你可能未有掌握這些東西，但其實當你有心與人交流時，對方是會感受到的，有心也是人與人交流時最底層的東西。因此，有心與對方交流，其實比一切肢體語言與非語言溝通更重要，對方能感受到你的真心，也自然更容易敞開心扉，與你建立人際關係。周星馳都有講，只要有心，人人都可以係食神！

而當你掌握了一定肢體語言，與非語言溝通的資訊外，你會看到更多本質的東西，可能你會覺得很好玩，也可能覺得這個人很虛偽，因為他正在口不對心。但無論如何，這些其實都是這個人呈現的客觀事實，沒有好與壞之分。當你能走出這個階段後，你會更加接受世界本來的樣貌，因為世界本來就是這樣的。宋代禪宗大師青原行思，領悟出參禪的三重境界—看山是山，看山不是山，看山還是山，學習肢體語言與非語言溝通，或是其他知識也是同一道理的。先從簡單開始，再由簡入繁，再化繁為簡，成為你自己的一部分。

其實一開始筆者並未有寫書的意向，但在2023年2月的時間，突然收到來自好年華編輯Ada的邀請，當時記得一開始是感到受寵若驚，居然有人邀請自己寫書，當時筆者是選擇了婉拒的，畢竟還處於Working holiday，完全沒有時間處理寫書的事。到後來5月準備回港時，發現自己內心深處，還是對寫書一事，如麥浚龍的歌曲一樣念念不忘，最終還是再度聯絡Ada，輾轉下促成這件事，所以筆者是非常感謝Ada的，她對工作的態度也是非常盡責。

另外筆者亦想感謝一值支持自己YouTube的粉絲們，雖然沒有1000個鐵粉，但也意外累積了一些粉絲，能透過互聯網的力量，與本來不認識的人建立聯繫，筆者一直覺得是很酷的事，沒有你們，也沒有這本書的面世。

除此以外，也很想感謝身邊一值支持自己的朋友，無論是在香港，還是在Working holiday認識的台灣，日本朋友，有時自己在寫書迷失方向時，你們心靈上的強心針，也讓筆者得以堅持下去。尤其是阿Lam與Tora，前者是中學一直認識的好友，後者則是澳洲打工認識的台灣友人，每次與他交流時，總有一些新的想法浮現，他也是一個很有生活

智慧的人。（也很會講幹話）

無論你是本來頻道的粉絲，還是意外看到這本書，真誠感謝你的觀看，畢竟你能夠從茫茫書海中看到這本書，你與這本書，是有一定緣份。因此，祝福你在未來的生活，都能一切順利！

最後筆者想感謝家人，很感謝你們一直以來的照顧與支持。

參考書籍

《秘密》—朗讀·拜恩

《觀色觀行觀心》—黃大釗

《人性的弱點》—戴爾·卡耐基

《FBI教你讀心術》—喬·納瓦羅

《心理學家的面相術：解讀情緒的密碼》—保羅·艾克曼

《如何用顏色說服人？：行銷大師的心理學祕技大公開》—小山雅明

《姿勢決定你是誰：哈佛心理學家教你用身體語言把自卑變自信》—艾美·柯蒂

《Louder Than Words》—Joe Navarro

《The Art Of Reading Minds》—Henrik Fexeus

《Understanding Body Language: How to Decode Nonverbal Communication in Life, Love, and Work》—Scott Rouse

《Winning Body Language: Control the Conversation, Command Attention, and Convey the Right Message without Saying a Word》—Mark Bowden

好年華 Good Time

口裡說不，身體卻很誠實！肢體語言最強指南

作　者／David
文字編輯／A.W
版面設計／M.W
國際書號／978-988-76627-7-8
初　版／二〇二四年五月
定　價／港幣一百一十八元正

出　版／好年華 Good Time
電郵：goodtimehnw@gmail.com
IG：goodtimehnw
Facebook：goodtimehnw

發　行／泛華發行代理有限公司
電話：(852) 2798 2220
傳真：(852) 3181 3973
地址：香港新界將軍澳工業邨駿昌街七號星島新聞集團大廈